哈佛商务指南系列⑧

决　　策

——五步制胜法

哈佛商学院出版公司　编

段秀伟　译

商 务 印 书 馆

2007 年·北京

Decision Making

5 Steps to Better Results

Original work copyright ⓒ Harvard Business School Publishing Corporation.

Published by arrangement with Harvard Business School Press.

图书在版编目(CIP)数据

决策——五步制胜法/哈佛商学院出版公司编;段秀伟译.—北京:商务印书馆,2007

(哈佛商务指南系列)

ISBN 978-7-100-05467-6

Ⅰ.决… Ⅱ.①哈…②段… Ⅲ.企业管理—经营决策 Ⅳ.F272.3

中国版本图书馆 CIP 数据核字(2007)第 050088 号

决　策

——五步制胜法

哈佛商学院出版公司　编

段秀伟　译

商 务 印 书 馆 出 版

(北京王府井大街36号　邮政编码 100710)

商 务 印 书 馆 发 行

北京瑞古冠中印刷厂印刷

ISBN 978－7－100－05467－6

2007 年 10 月第 1 版　　　开本 700×1000　1/16

2007 年 10 月北京第 1 次印刷　　印张 13½

印数 5 000 册

定价:29.00元

致 中 国 读 者

　　哈佛商学院经管图书简体中文版的出版使我十分高兴。2003年冬天，中国出版界朋友的到访，给我留下十分深刻的印象。当时，我们谈了许多，我向他们全面介绍了哈佛商学院和哈佛商学院出版公司，也安排他们去了我们的课堂。从与他们的交谈中，我了解到中国出版集团旗下的商务印书馆，是一个历史悠久、使命感很强的出版机构。后来，我从我的母亲那里了解到更多的情况。她告诉我，商务印书馆很有名，她在中学、大学里念过的书，大多都是由商务印书馆出版的。联想到与中国出版界朋友们的交流，我对商务印书馆产生了由衷的敬意，并为后来我们达成合作协议、成为战略合作伙伴而深感自豪。

　　哈佛商学院是一所具有高度使命感的商学院，以培养杰出商界领袖为宗旨。作为哈佛商学院的四大部门之一，哈佛商学院出版公司延续着哈佛商学院的使命，致力于改善管理实践。迄今，我们已出版了大量具有突破性管理理念的图书，我们的许多作者都是世界著名的职业经理人和学者，这些图书在美国乃至全球都已产生了重大影响。我相信这些优秀的管理图书，通过商务印书馆的翻译出版，也会服务于中国的职业经理人和中国的管理实践。

20 多年前，我结束了学生生涯，离开哈佛商学院的校园走向社会。哈佛商学院的出版物给了我很多知识和力量，对我的职业生涯产生过许多重要影响。我希望中国的读者也喜欢这些图书，并将从中获取的知识运用于自己的职业发展和管理实践。过去哈佛商学院的出版物曾给了我许多帮助，今天，作为哈佛商学院出版公司的首席执行官，我有一种更强烈的使命感，即出版更多更好的读物，以服务于包括中国读者在内的职业经理人。

在这么短的时间内，翻译出版这一系列图书，不是一件容易的事情。我对所有参与这项翻译出版工作的商务印书馆的工作人员，以及我们的译者，表示诚挚的谢意。没有他们的努力，这一切都是不可能的。

哈佛商学院出版公司总裁兼首席执行官

万季美

决 策

目 录

目　录

策 ----------------------------------

决 策

序 言

序　言

　　决策。从许多方面来看，一个企业就是通过执行过程以及其他相关活动联系起来的一系列决策。决策决定了企业发展的速度及方向，余下的工作就是决策的执行。

　　考虑到决策的重要性，一个公司只有不断地作出正确决策，或者至少要作出比竞争对手更高明的决策，才能在竞争中取得胜利。苹果电脑公司（Apple Computer）决定抢占先机，开发数码音乐文件存储装置——iPod，这就是一项英明的决策。这个决策以及后续的实施工作，使公司重又焕发了勃勃生机，公司股价一路飙升。

　　有好的决策，自然也有不好的决策，那些由公司高层作出的不好的决策，代价尤其惨重。请看一下沃尔特·迪斯尼公司（Walt Disney Company）的案例。1995年，迪斯尼公司聘请迈克尔·奥维茨（Michael Ovitz）出任公司总裁。不到一年，迪斯尼公司就后悔当初的选择，解聘了奥维茨，并且，支付给奥维茨1.4亿美元的解聘费。这个糟糕的决策代价不菲。但是，更多的痛苦还在后面。一些股东状告迪斯尼公司董事会，指责董事会把股东的钱支付给了一位董事局评定为不称职的员工。那场诉讼，在写作本书时，仍在进行之中，已经又花去了公司几百万美元的诉讼费，并使得公司的高层管理人员及公司主管被免职，并接受法庭传讯。公司因此伤痕累累。

然而，1.4 亿美元的损失，与决策者作出的错误的并购决策所造成的损失相比，不过是小巫见大巫。惠普（Hewlett-Packard）和康柏（Compaq）的合并，给惠普的股东带来了 240 亿美元的股票损失，约合公司总资产的 37％。这场损失惨重的合并之后，惠普股价落后于标准普尔 500 指数（S&P 500）（而当时戴尔公司正在崛起），而且，公司也并未获得所承诺的电脑制造领域的利润增长。

公司决策者经常会作出错误的决策，因为他们缺少决策所需的全部信息，而且，未来也充满了风险。后见之明使得判断以往决策很容易，但是，决策者却无法从后见之明中受益。他们常常发现自己是在黑暗中飞行，为他们导航的是残缺的信息、由同事和"专家"组成的顾问委员会，以及自己的直觉。

贵公司的决策又如何呢？它们很可能很不完美。这完全在意料之中，因为完美无缺是不可能的。但是，如果你和你的同事拥有一套成熟的决策方法，并且，能够意识到常见的决策陷阱，那么，你们依然可以做到尽乎完美。这本书的目的就是，为你提供决策方法，并提醒你注意决策陷阱。

《哈佛商务指南》（*Harvard Business Essentials*）之《决策》（*Decision*）一书为你阐释了一个理性的、经历时间检验的决策程序，一个几乎可以用于任何复杂局势的决策程序。要达到某个目标，可以有不同的方案。这个程序涵盖了用以评估不同方案的分析工具。这本书还将提醒你，如何防范那些个人和组织缺陷，以避免聪明人作出错误的决策。最后，这本书还将告诉你，如何在组织中培养良好习惯，以作出正确的决策。

作为一本"指南"书，本书并没有涵盖多年来决策领域的学者专家的所有方法及理论。那得写上很多本书。本书旨在提供更为实用、更为及时的帮助，帮助你在面临重大决策时，有个良好的开端。无论你正在考虑购买一家公司、更换电脑系统、购买或租赁设备，还是招聘继任者，本书中介绍的流程及概念，都将告诉你如何解决这些问题，以及如何避免作出错误的选择。

本 书 内 容

与其他任何旨在把投入变为产出的重大商业活动一样，决策也应该视为一个流程。这样，才有可能指导决策参与者的决策步骤，确保统一的决策质量，并通过学习和试验提高决策质量。本书第1章简要介绍了决策流程的五个步骤。第2章详细阐述了第一个步骤：营造成功决策的环境。在一个遭受派系纠纷以及游说习惯困扰的组织中，很难作出正确的决策。

决策流程的下一步是正确认识问题。第3章阐述了我们的假设、目标、经验以及期望如何影响我们对问题的认识，并就如何避免这些因素阻碍我们看清事情的本质提出了建议。

第4章的内容是关于寻求备选方案的。好的决策取决于备选方案。在本章中，你将了解优良方案的特征，以及制定优良方案的方法。下一步则是客观地对每一个方案进行评估。第5章描述了评估所用的工具,包括净现值、优先矩阵、利弊权衡表和决策树。第 5 章还描述了几种在方案评估中可能用到的电脑软件类型。

在决策流程的这一阶段,你必须作出选择。即使对于手中所有的方案都进行了评估,也总是很难抉择,尤其是决策权掌握在一个决策小组的手中时,更是如此。第 6 章为你提供了三种推动决策小组就一项决策达成一致的技巧,并阐释了如何实施决策的第一步。

余下的章节讨论了影响决策质量的一些更宽泛的问题。第 7 章讨论的是棘手的不确定性问题。决策是对于未来的决策,未来不是事实;我们通常用来决策的信息,常常是不全面的。本章提出了一个三步走的方法,用以解决不确定因素的问题,并且还描述了把不确定因素的影响降至最低的几种方法。本章还讨论了如何利用直觉,在不确定因素的迷雾中作出决策。

决策者面临的不止是不确定性这一个问题。他们还必须与自身的缺陷——经常导致错误决策的行为和心理习惯作斗争。这些行为和习惯,包括思维定式、过度自信、错误类比以及求证偏差。第 8 章分析了这些缺陷,并提出了克服这些缺陷的方法。第 9 章讨论的是,同样对决策产生负面性影响的社会与组织习惯。

本书的最后一章阐述了增强组织中各个层面决策能力的方法。这些方法包括培训、实践以及如何在应用中不断改进。

附录 A 收录了一些实用的实施工具,其中有一张用来帮助你实现一个良好开端的检查表。附录 B 详细阐述了评估各种方案时使用的诸多财务分析工具,包括一个可以下载的进行盈亏平衡分析的互动工具。这个工具以及"哈佛商务指南"使用的其他分析工具，都可以到 www. elearning. hbsp. org/businesstools 网站上查到。

这本书的结尾还附有一个易于查阅的决策术语表。

最后，我们还收录了一节"扩展阅读"。在这一节中，你可以很快找到一些书和文章的相关信息。这些书和文章会为你提供更多与本书内容相关的知识。

《决策》一书的内容大部分来源于哈佛商学院出版社出版的书籍、文章及其网上出版物，尤其是在线产品——哈佛管理导师®中的商业决策模块。所有其他引文来源，都以标准的尾注形式加以说明。还有许多个人，也为这本书提供了信息或案例，尤其是戴维·马西森(David Matheson)、乔治·拉博维茨(George Labovitz)、金·华莱士(Kim Wallace)，在此对他们表示衷心感谢。

决 策

1 决策程序

1 决策程序

——五个关键步骤

本章关键话题

● 决策需要特定程序

● 正确决策的五个步骤

身为一名经理,你每天都要作决策。有些事情比较容易决定,比如,决定哪位下属负责某个项目。而有些决策,却并不那么简单,例如,选择新的供应商。请看以下两个案例:

财务部将要更换新的办公地点。萨曼莎(Samantha)身为财务部经理,必须派遣一位员工,代表财务部参加公司的办公室分配小组。对于萨曼莎来说,这是一个简单的委派决策:她只需确定哪位下属最能代表财务部,仅此而已。这位员工必须行事果断,懂得如何与其他部门密切合作,必须了解财务部对于办公空间及环境的要求。萨曼莎对于下属及其工作能力了如指掌,而且,也知道谁愿意承担额外的工作。因此,这个决策对于萨曼莎来说,很简单:她派乔治(George)去负责这项工作,而且,乔治也乐于接受这项任务。当然,这会减少乔治处理日常工作的时间,但是,乔治和他的经理萨曼莎都认为,这不是什么大问题。

然而,并非所有的决策都如此简单易行。某些决策需要决策者权衡利弊,承担风险,并且考虑多方面因素,比如,失败的风险及后果。请看下面这个更为复杂的案例:

精确装饰公司(Precision Interiors)(一个虚构的公司名称)为欧洲及北美的汽车生产商设计和生产汽车座椅及内饰。为了保持公司的市场竞争力,公司必须不断改进设计,而且采用的原料不仅要能够改善乘客乘车时的舒适度以及安全性,而且还要质优价廉,经久耐用。本着这种精神,公司的一个团队一直在与一个名为 FiberFuture(也是一个虚构的公司名称)的小供应商接洽合作事宜。该供应商研制开发出了一种名为 Zebutek 的新型原材料,与其他替代材料相比,这种材料在防火、减震以及吸收路上噪音方面都更胜一筹。一位工程师说,"如果我们在装饰汽车内顶及密封车门时,采用这种 Zebutek 材料,将使我们公司在市场上更具优势。虽然这种原料比我们现在所用的原料价格要高,但是,客户会觉得物有所值。"

然而,是否要采用这种原料,却不能妄下决策。这涉及到很多利弊权衡以及风险因素。这位工程师给出了以下需要考虑的因素:

● FiberFuture 公司是一家规模小且成立不久的新公

司。它是否能够满足公司所需的原料数量？是否能够如期交货？是否能够保证产品质量始终如一？

- 如果 FiberFuture 公司倒闭，会出现什么样的情况？那时，公司将不得不另外寻找其他供应商。

- 公司现有的生产流程是否能构加工 Zebutek 这种原料，公司是否要为此购进新的设备？

- 公司的客户——那些汽车制造商，一直在试图让公司降低成本。公司是否可以把这种新原料的附加成本转嫁到这些客户身上？而他们能够接受吗？或者公司是否应该自行承担这部分附加成本，以换得市场份额？

- 公司现在的内饰材料供应商已与公司合作多年，诚信可靠。如果公司将 20％ 到 30％ 的业务转给 Fiber-Future 公司，对于这种良好的合作关系将会产生什么影响呢？

- 是否有某些供应商即将研制出比 Zebutek 性能更好的材料呢？

在第二个案例中，精确装饰公司的工程师们面临着复杂而又艰难的选择。与这个决策相比，萨曼莎的决策简直简单之极，似乎根本不用动脑。而很有可能，你及你的同事经常会面临类似第二个案例这种复杂而又艰难的决策。你会如何处理这种难题呢？

当商业决策涉及不确定因素，面临多种选择，情况复杂难辨，并且会产生人际关系方面的问题时,会令人难以抉择。不确定因素会让人犹豫不决:"如果我不了解全部情况,如果我不能了解决策的后果,我怎么作决定呢?"在一无所知的情况下,某些经理人宁愿选择按兵不动,也不愿意冒险。

当面临多种选择时,每种选择都有其不确定性以及未知的结果,这同样会令人难以决策。问题的复杂性,也会令决策者犯难。例如,收购另一家公司牵扯到复杂的法律、财务以及估价等问题。收购很有可能会导致大幅裁员,毕竟,有哪家公司需要两个财务部门呢? 但是,你怎么能够预先估计出裁员的收益与成本呢? 反过来,收购必定会影响公司股价:也许短期内会使公司股价下跌。而这些复杂的问题是否真的可以理清呢?

决策还会涉及到人际关系问题,而这个问题难以衡量及评估,却常常决定着所要采取的行动的成败。

多年来,人们已经总结出一套处理这些难题的技巧,而这些技巧正在理性决策步骤的一部分。本章概括地介绍了一种五步决策程序,如图 1—1 所示:

1. 营造成功决策的环境
2. 正确认识问题
3. 制定备选方案
4. 评估备选方案
5. 选出最佳方案

五个关键步骤

图 1-1 决策程序

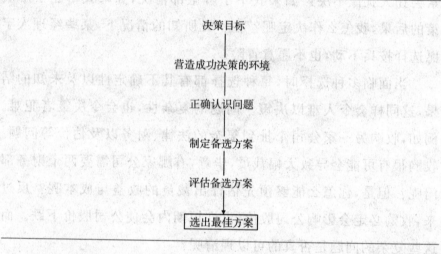

请记住,在开始整个决策过程之前,首先要树立明确的目标(见"高明的决策需要正确的决策程序")。这一点很关键,因为作决策的目的就是为了实现卓有成效的目标。

本章将带你快速浏览一下每个决策步骤。后面几章将会对每一步骤加以具体阐释。

高明的决策需要正确的决策程序

决策程序是决策的基础。管理学家在过去的几十年中的重大发现之一就是,决策程序对于正确决策至关重要。聪明才智,或者尽心尽力,并不能保证产出的质量与数量。无论是生产滚珠轴承、汽车,还是作决策,都需要一套行之有效的程序。否则,事情会变得毫无头绪,让决策者无所适从。按照正确的程序生产,生产质量就会提升。如果你采取正确的程序,并训练员工严格遵循,产出的数量和质量不仅会得到提高,而且能够始终保持高水平。如果你不断改善这个程序,效果将会越来越好。

第一步:营造成功决策的环境

决策的第一步是营造一种环境,一种能够使得决策者可能作出正确决策的环境。如果你认为这一步毫无必要,那就先来看看你所处的环境。如果你的公司同其他公司一样,你会发现,你的决策经常会被那些不利于作出正确决策的因素所干扰。例如,员工之间的争执使得他们无法进行理智的讨论;管理层不能听取各方不同意见。在命令与控制型的企业文化中,决策往往是为了迎合掌权者的喜好。在这种环境下,无论决策者掌握的信息有多么全面,他们所作的第一项决策往往是任意行事,即使对于重大的决策,也无章可循。

而有利于正确决策的环境,通常不存在这些问题。除此之外,这种环境还能够确保合适的人选参与决策。决策参与者在讨论问题时,必须以事实为准绳。而这种尊重事实的氛围,能够鼓励他们进行创造性思维和缜密思考。一种有利于正确决策的环境具备如何作出决策的基本规则。

第二步：正确认识问题

每一项成功的决策，都要求决策者必须清楚地认识所面临的问题，并理解这些问题是如何影响公司目标的。确定问题的性质很关键。在以后的章节中将会阐明这一观点：如果不能认清问题，你就无法作出正确决策。

第三步：制定备选方案

在认清问题之后，决策者需要研究和制定几种备选方案，以供选择。没有选择，正确决策也无从谈起。

第四步：评估备选方案

当制定出符合现实的几种备选方案之后，你就必须对这些方案的可行性、风险以及意义进行评估。许多分析工具，包括一些分析软件，都可以完成这项工作。

哈佛商务指南

第五步：选择最佳方案

当顺利完成前面所有的步骤，并且决策小组就决策目标达成一致之后，小组成员就可以理性地评估每一个备选方案。在理想状态下，正确的决策会显而易见。而在现实中，某种程度的个人偏好、模糊性以及不同意见，通常会令人难以作出最终决策。幸运的是，一些技巧及方法，可以帮助决策者克服这些困难。这些方法——将在第6章进行详细阐述——被冠以富有情趣的名字，如接球法（Catchball）、论据对位法（point-counterpoint）及思维监督法（intellectual watchdog）等。采用这些方法，能够使决策各方全面了解每种方案的利弊，并就此进行充分讨论。

有人可能会天真地认为，完全照搬以上决策的五个步骤，自然而然会得出最佳决策。但不幸的是，事实并非如此。尽管这五个步骤能够帮助你组织决策行为，但是，仍然有许多情况——有时也被称为决策陷阱，会诱导你犯错误，让个人偏见来诱导你的思维。决策陷阱是指那些让聪明人作出错误决定的人类偏见。本书第9章将会讨论这个问题。

简而言之，作出正确的决策，是一门艺术，也是一门科学。它要求决策者不仅要具备高超的技术，而且还要具备敏锐的判断力以及创造力。

小　结

● 正如许多商业活动一样，如果能为决策过程制定一套科学的程序，决策会更加有效，质量也会更高。如果缺乏决策程序，决策可能会变得形同儿戏，毫无章法。

● 本书为读者提供了一套决策的五步程序：营造成功决策的环境，正确认识问题，制定并评估备选方案，以及选择最佳方案。

決策

2 成功决策的环境

2 成功决策的环境
——构建成功决策的舞台

本章关键话题

● 环境对于正确决策的重要性

● 利于作出正确决策的环境所具备的特征

● 游说之问题

● 探究的解决之道

第 1章简要描述了决策的五个步骤。而从本章开始，我们将对每个步骤进行深入分析。首先，我们来分析决策的第一步：营造成功决策的环境。

良好的环境对于作出正确选择至关重要。"环境"是指一种由人际关系与行为所构成的氛围。人们均是在特定环境中，来分析和判断各种设想与数据信息，并作出决策的。一些组织和机构能够提供某种环境，以促进理性对话和正确决策，而有些组织在这方面却非常欠缺。请看以下案例：

案例1：美国国会。期望通过辩论来作出决策，无异于希望在11月份收获郁金香，简直是异想天开。2004年末，摆在美国国会议员面前的是公共拨款法案——一本像字典一样厚的法案,里面涉及的款项都是必要支出,而且还要顾及到地方拨款,没有人能够在规定的有限时间内读懂这些条款,并进行讨论和表决。此项法案涉及款项高达 3,500 亿美元。可以看出,这项法案中的支出超出了许多国家的全部支出。这项法案是所有未完成的事情在年底的累积。议员们急于结束这项任务,而后,或者去度假,或者去备战下一届竞选。因此,他们未经过多讨论,就匆忙通过了这项法案。基于这种情况,结果可想而知:纳税人的钱没有得到合理利用。

案例 2:麻烦缠身的制造商。20 世纪 80 年代初,一家全球闻名的制造商的运营部门的质量监管经理们,找到了该制造商的高级行政管理层。这些质量监管经理们一直在研究其公司产品与其国外竞争对手的产品之间的差异,并对这些差异对其公司生产成本、产品保修成本以及客户满意度等方面的影响进行了评估。这一研究结果,被收集在一份精心撰写的报告中。在向公司提交这份报告时,质量监管小组的发言人说,"报告中的结果,令我们感到震惊。"公司 CEO 及其他高层领导对经理们所作的报告表示感谢,并且承诺会认真考虑这一问题。一周之后,在未与质量监督组进行沟通的情况下,公司 CEO 以备忘录的形式,对这一问题给予了回复:"再次感谢你们所作的报告。但是,对于报告中的结论,我不能同意。我们公司处于行业的领先地位,我们的产品也仍将代表行业标准。"有些质量监督组的成员怀疑,CEO 根本就

构建成功决策的舞台

没有读过他们的报告,而有些人则认为,CEO已经与行业的发展脱节了。

案例3:错误的解读。六名员工与一名顾问围坐在会议室的圆桌旁,讨论一个研发项目。该项目旨在开发一种多媒体教学软件,向非英语国家的英语学习者教授英语。这个项目已经成功地跨越了开发阶段的第二个里程碑,在进行下一阶段的研发前,需要评审委员会再次评估和调拨资金。一位经验丰富的英语教师被聘为项目顾问,对于该项目与其竞争产品在有效性方面进行评估,其竞争产品包括:课本、课堂教学以及计算机教学。她对大家说,"我对这个项目的前景非常有信心。这个软件的样品具备了所有的特性,使它优于市场上最好的产品。"紧接着发言的是菲尔(Phil)——项目发起人。菲尔指出了项目所面临的技术挑战,同时,也表示研发团队有信心战胜挑战。

会议中唯一持反对意见的是弗兰克(Frank)——财务部副总监。他建议暂时搁置这个项目。他说,"我认为这个项目除了消耗我们的销售利润之外,一无是处。"对于弗兰克的反对,在座的人并不感到惊讶。大家都清楚,他与菲尔是夙敌。弗兰克在一开始就反对这项计划。弗兰克在公司势力庞大,与公司CEO关系甚密,被人称为"小拿破仑"。他完全可以让与他作对的人没有好日子过,况且他确实也这样做过。他对自己不支持的提案,比如这个项目,会百般阻挠。随着讨论继续进行,除了菲尔之外,所有的人都倒向小拿破仑的观点,认为应暂时搁置这个项目,甚至连那位顾问也收起了她的热情。因为她知道,公司里掌权的人是谁,谁会付给她报酬。

以上案例描述的仅仅是决策环境的三种情形。在这些环境中,作出正确决策是一场艰苦卓绝的斗争。在第一个案例中,当选的议员们不肯在一项涉及政府巨额支出的法案上耗费时间,认真考虑并权衡利弊。这种情形在政界非常普遍,在这里个人利益、党派间的相互憎恨以及以个人利益基础的联盟主宰着决策过程。在制造公司的案例中,决策者似乎并不欢迎违背他既定观点的信息。而这种行为注定导致失败。研发项目的案例表明,内部对立以及施加个人权力会阻碍自由平等的对话,而这恰恰是作出正确决策的基础。上面的每个案例都揭示出了决策环境中的某个问题。一个组织或公司及其领导只有鼓励健康有益的讨论,创造有利于发表不同观点的空间,才能作出正确决策。

那么,一个健康的决策环境具备何种特征呢?请参考以下内容:

- 选择适当的人选参与决策。
- 决策者在利于创造性思维的环境中进行探讨。
- 参与决策者事先在决策方式上达成共识。
- 健康有益的辩论及多种不同观点应得到支持。

你的公司具备以上特征吗?

构建成功决策的舞台

选择适当的人选参与决策

创造利于正确决策的环境首先要让适合的人选参与决策。适合的人选是指那些知识渊博、经验丰富、与决策结果休戚相关的人士,包括以下这几类人士:

有资源配置及决策权力的人　决策组里应该包括一个或几个具有这种权威的成员。人们最不希望看到的是他们耗费时间和心血所作出的决策,最终被高级管理层忽略或置之不理。这样,会挫伤决策参与者的士气,对于作出正确决策毫无益处。

关键的利益相关者　这类人士直接受到决策的影响:包括那些对决策结果负有责任的人,还有决策的重要执行者。因为决策执行者更可能支持他们参与作出的决策,邀请他们参与决策,最有可能保证后续过程的效率。

专家　包括组织内外、拥有专业知识并乐于与其他决策成员共享信息的专家。大多数情况下,他们最了解所要讨论的问题。这些专家能够就不同方案的可行性提出意见。例如,某项决策涉及到更换制造设备,那么,拥有该领域第一手资料和经验的专业人士就能够使大家了解这种设备的成本以及技术方面的优缺点。记住,决策组里可能需要多个领域的专家。

持反对意见者　不要为了通过某个提议而全部邀请支持这个提议的人。也要邀请那些可能会反对这项决策并拒绝执行的人。

如果他们的反对有道理,你必须了解他们的立场。这可能会延长达到预期结果的时间。但是,邀请潜在的反对者会减少未来执行决策时的阻力。

支持者 如果决策组中包括了持反对意见者,那么,把一个或多个支持者包括在内亦是当然。但请记住,支持者和反对者一样,都会站在特定的立场上,不能期望他们提供比较公正的观点。

这两组观点截然不同的人应当为达到共同的目标而作出努力。他们可能意见相左,各有各的道理,但是,必须愿意服从公司的目标。

保持适度的决策团队规模

决策团队应较小,最好不超过6或7个成员。人过少,可能会漏掉那些能够发挥重要作用的人:像具有执行权力及资源配置权力的人,以及具备专业知识的专家等。而决策团队成员过多,会减缓决策过程,如果有不出工出力却非要对决策过程指手画脚的人时就更是如此。团队规模过大,会让那些不善于参与大规模团队讨论的人羞于谈论自己的看法。决策团队的规模还可能会由那些最终执行决策的人控制。

必要时,成立特别工作小组

由于决策的复杂性,决策过程中可能会需要更多的人员。

构建成功决策的舞台

有一种方法,既能够使更多的人参与决策,又能够保持决策团队的规模,即组建特别工作小组,对决策的某个方面进行探讨。

图2-1 特别工作小组组长是决策团队的一部分

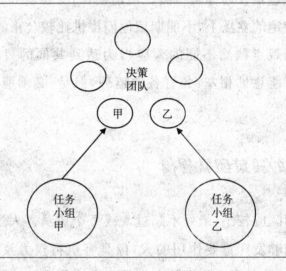

例如,如果公司正在计划建立新的电子商务网站,就可以组建一个特别工作小组解决技术方面的问题,组建另外一个由各个系列产品的代表组成的工作小组,来确定网站的功能等。每个特别工作小组的组长应在决策中占有一席之地,如图2-1所示,每个组长代表其工作小组的观点及任何不同观点。这种安排的益处在于在发挥大家所长的同时,能够把决策团队控制在一定规模之内。重要的是要根据执行决策的重要性或难度来确定决策团队的规模。

认真考虑决策环境

　　为了帮助决策团队在解决问题时能够想出创造性的解决方法,并且对这些方法认真评估,需要布置各种不同的会议环境。这类形式各异的环境布置可以是别出心裁的会议室布局、与众不同的会议地点,或者在熟悉的地点重新摆放家具,使其更有利于面对面的交流。人们在董事会议或主管办公室以外的环境中更能自由地表达自己的意见,因为这种环境可以冲淡办公室带来的等级观念,让他们感到不那么胆怯和拘束。

　　尽管似乎有些流于形式,但家具的布置确实能够显示讨论将以何种方式展开。如果家具呈圆形摆放,表明没有明确的"头儿"或者权威的位置。每个人都是平等的,更多的人可能会参与讨论。如果有一个明显的权威人士的位置,比如位于会议桌的一端,气氛则迥然不同,人们会趋同于坐在那个位置上的人的意见。

就决策方式达成共识

　　在选择了决策组成员以及为会议布置好环境之后,下一步则是决定将要采用何种决策方法。决策团队成员必须预先了解决策的程序以及最终作出决策的方式以及由谁来作出决策。决策的方

构建成功决策的舞台

法包括以下几种：

一致同意　所有的决策组成员进行公开讨论。他们努力达成一致，每个成员都接受最终的决定。

有条件的共识　决策组试图达成共识。如果未能达成一致，成员同意由领导或现任决策组领导作决策。

服从多数人意见　决策组进行表决，以多数票为最终结果。如果决策组有一名领导，那么，只有在支持和反对票票数相当的情况下，他/她才可以投票。

指导性的领导决策　决策组领导作出决策后，通知决策组成员并陈述其理由。这种方法在公司处于危急时刻最为有效，因为在这种情况下，大家都理解，这种决断性既恰当又非常必要。明智的领导会让那些持反对意见者了解，他尊重他们的意见，并且已经认真考虑过了。"你们充分表达了你们的意见，对此我非常欣赏。而且，我在作决定的时候，充分考虑过了你们的意见。我尊重你们的意见，但是并不能同意你们的观点，所以必须寻求别的解决办法。"

以上这些方法，除了指导性的领导决策方法，其余方法都依其赋予成员的权限程度、建立成员的责任感以及主人翁精神的程度不同而有所不同。但是必须要认识到，无论采用何种方法，如果决策组急于达成一致，可能会忽略少数派意见或者避免触及分歧地带。避开具有争议的话题，是一种自欺欺人的方法，很可能将来会自食其果（见"避免分歧的代价"一文）。无论采取何种决策方式，经理的职责始终是鼓励探讨不同观点。

避免分歧的代价

　　美国内战(1860—1865)的爆发,可以部分地归因于奴隶制,一个非常具有争议的话题,也是美国的奠基者在数辈前曾努力避免的问题。北方的废奴主义者公开主张废除奴隶制,他们所施加的压力导致了南方拥有奴隶的各州的退缩。但是对奴隶制问题的道德关注要上溯到大约一个世纪前。当时奴隶制成为1787年美国宪法签订时所考虑的重要内容,并且最终被写进了宪法。那份宪法是政治家们合作及妥协艺术的典范。但是,这种妥协,即同意不再强求解决奴隶制,后来再次困扰了这个国家。

　　在立宪会议上,代表们就奴隶制这个问题争论得如此激烈,几乎使得为起草宪法所作的一切努力功亏一篑。为了绕过这个问题,双方达成了妥协。代表们同意在今后的25年中,不再就奴隶制问题进行立宪方面的讨论,这种妥协化解了危机,使大家摆脱了困扰。但是,这样只是延缓了清算的日期。随着时间的推移,关于废除奴隶制的争论日益激烈,最终导致国家分裂。而美国奠基者们的后代最终不得不用战争来解决问题。

从游说到对话

　　正确有效的决策,始于邀请适合的人选参与,并且赋予每个参与者适当的角色,但并不仅限于此。有人认为自己在决策中的职责是倡导某种结果。他们错把决策过程当做是与他人辩驳的过程。而决策过程必须确保是开诚布公的讨论,不能成为某个特定

构建成功决策的舞台

结果的倡导会。

法庭式的辩论是公司普遍的做法，但这无助于作出正确决策。请看下面的假设案例：

> 克拉丽莎（Clarissa），产品研发部门的经理，一直在恳求公司 CEO 为一套新的系列产品的开发提供资金。她用尽一切能够支持她的事实、假设以及研究数据。她得到了两位强有力的行政主管的支持与帮助。如果克拉丽莎知道另外一个事实，她就不会自告奋勇了。与她同时，她的对手正在用尽一切事实游说，反对她的计划。

> 公司 CEO 对此非常失望，他召集了一次会议，并邀请了克拉丽莎的对手以及另外两位行政主管。他说，"听着，公司的资源有限，因此，我们必须决定如何最有效地配置有限的资源。克拉丽莎有一些很有意思的想法。请大家来讨论一下。"

> 克拉丽莎认为，CEO 暗示支持其计划。但还未等她说完，这场讨论就演变成了一场争论，她的对手猛烈抨击她的计划，同时，也在为他们自己的计划进行游说。激烈的争论进行了多个回合，却无法作出决策。大家都怒气冲冲地离开了会议室。

这个案例反映了一个什么问题呢？那就是 CEO 未能有效控制决策过程，使得会议演变成了一种游说各自观点的争论。克拉丽莎和其对手把参加会议看成是一场竞争。各方都维护各自的观点，完全没有考虑到其他部门或者公司作为一个整体的需要。而且，像克拉丽莎一样，决策参与者提供的仅仅是能够支持他们观点的论据，却省略了那些不利于他们观点的细节。因此，讨论就迅速演变成为人身攻击。

在一个健康完美的环境当中,这种情况则不会发生。对于克拉丽莎的提议的决策会是一种探究式的讨论:一个公开探讨的过程,在此过程中,每个人可以提出探讨性的问题,探寻各种不同观点,并且找出各种各样的解决方法,目的是作出一个决策团队创造出来的、并且共同拥有的决策。在采用探究法时,为了能够作出一项有利于团队或公司的合理决策,大家会把个人观点或偏好放在一边,不会为了自己的计划而坚持己见。表2-1对这两种决策方法进行了比较。

表2-1 游说与探究

项目	游说	探究
决策的概念	竞赛	合作解决问题
讨论的目的	说服与游说	测试与评价
参与者角色	发言人	能够进行批判性思维的人
行为模式	·说服他人	·呈现和谐讨论
	·维护自己观点	·欢迎各种观点
	·弱化缺点	·接受建设性的批评
少数派观点	打击或忽略	培养并重视
结果	胜者或败者	集体拥有

资料来源:David A. Garvin and Michael A. Roberto,"What You Don't Know About Making Decisions,"*Harvard Business Review*,September 2001,110。经许可使用。

构建成功决策的舞台

在《学习型组织》(*The Smart Organization*)一书中,戴维·马西森和吉姆·马西森(Jim Matheson)对探究式决策方法进行了明确阐述。[1]他们所描述的决策过程涉及到两个团队:决策团队(包括具有权威和资源配置权力的人)以及由具备相关信息和经验的人(指本章前面所提到过的适当的人选)组成的调查团队。这两个团队共同按照图2-2描述的决策步骤进行决策,采用对话、提问以及相互了解的方法以达成共识。

正如图2-2所示,这是一个循环往复的过程,每个步骤都得出一个决定,这个决定基于对于问题的清醒认识、对于目标的正确分析以及切实可行的替代解决方法的研究。这与第1章所讲的决策的基本步骤相似,但是,两个团队——决策者团队与调查者团队——的形式,提供了更多的保障,确保探究式决策能够战胜人类与生俱来的固执己见的倾向。

图2-2 对话决策过程

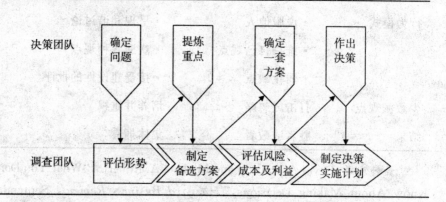

资料来源:David Matheson and Jim Matheson, *The Smart Organization* (Boston:Harvard Business School Press, 1998), 178。经许可使用。

最后,决策团队将会作出决策。但是,经过了这种循环往复的过程,使得决策一定是建立在理性的基础上的,否则无法向上级、同事以及下属解释。(注意:第 10 章中将讲述通用汽车公司采用这种对话形式的决策程序,以及该公司是如何培训经理以及行政管理人员在工作中采用这种方法的。)

综 合 的 方 法

尽管所有的决策讨论都应采用公开探究的形式,有人却认为,不可能阻止人们争取自己的观点或个人利益。他们认为,解决这个问题的实际办法就是,在倡导个人观点以及公开探究之间寻求一种平衡。

使用这种综合的方法,决策组成员会抛开个人观点,期望以一名公正的参与者的身份,参加决策讨论。他们可能还会强烈支持某种观点,但同时必须探寻其他观点,考虑其他的解决办法。他们懂得,尽管某些人会因为这项决策而受到负面影响,但是,讨论的目的是为整个团队找到一种最佳解决之道。技术方面的专家及顾问更有可能促成这种结果。一般来说,在这种非常和谐的讨论中,大家会自由交换信息,对多种方案进行权衡比较。

你的公司的决策环境如何呢?是否深受权力及为自我利益而游说的影响,出现了决策机能障碍?还是通过理性的探究过程作

构建成功决策的舞台

出决策,而决策过程始终以公司的利益为根本出发点?大家是否就如何作决策达成了一致?环境因素为决策搭建了舞台,同时也决定了最终的决策结果。因此,首先要营造适宜的环境,才能着手做其他事情。

附录 A 包含了一份工作表,内容是关于如何为将来作决策搭建舞台的,可供参考。这张表列举了构建有利于决策的环境时应当考虑的几种因素:

- 描述决策目标。
- 列出决策参与者及其角色。
- 确定决策的时间框架。
- 为决策会议确定具体的会场环境布置。
- 就决策方式达成一致(如一致同意或多数人同意等)。
- 预见处理游说以及僵局的方式。

完成工作表的各项要求会迫使你认真审视公司的决策环境,并想方设法进行改善。

小　　结

- 公司的决策环境会影响到决策方式。良好的环境包括:选择适合的决策参与者,把他们放在适当的环境中,确保他们就决策方式达成一致,支持各抒己见和健康有益的辩论。
- 在决策组的决策过程中,确保那些有权配置资源以及作最终决策的人能够参加决策。

● 把决策组的规模控制在 6 或者 7 个成员,如果需要更多的人员参与,把部分工作分配给特别工作小组,小组组长可以作为决策组成员。

● 决策方法包括全体达成一致同意、有条件的共识、服从大多数人意见以及指导性的领导决策。而后者在危机时刻更加有效。

● 游说与有效决策是对立的。有太多的商界人士,将决策看做是一种竞争,必须全力以赴赢得胜利。解决游说的方法就是进行理智的、开诚布公的探究。

构建成功决策的舞台

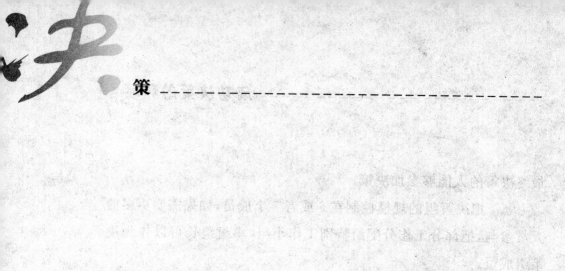

決 策

3 正确认识
面临的挑战

3 正确认识面临的挑战
——真正的问题所在

本章关键话题

● 心理框架是反映现实的心理窗口——无论现实好坏

● 如何避免错误地认识问题或错误地决策

● 利用批判性思维形成正确的框架

正确认识问题,是决策过程的第二步。我们曾经讲过,框架(frame)是一扇心理之窗,我们透过这扇窗看待某个问题、某种情况或某个机遇。正如艾伦·罗(Alan Rowe)所说的,框架是指"我们看世界的多棱镜……它们决定了我们所看到的世界以及对于世界的理解"。[1]这些条条框框影响之大,大到可以限制我们的思维,即使事实证明的是另外一种观点。

每人都有心理框架,这些框架为人们在纷繁复杂的世界中导航。正确的框架能够使人避免去解决错误的问题。如果对于问题的认识是错误的,问题永远不会得到解决。反之,正确地认识问题,就等于把问题成功解决了一半。

人们对于问题的某种认识,受到多种因素的影响,比如个人的假设、目标、教育程度、经历、期望以及偏见等。试想,比如有三个人都在当地邮局邮寄包裹。其中一位顾客是刚刚从前苏联阵营中来的新移民,一位是附近制造厂的生产部门经理,另外一位则是拥有三个成功企业的企业家。尽管此时有 20 位顾客在排队等候,却只有两位工作人员在处理业务。

除了那位移民,大家都对缓慢的服务表示不耐烦。而那位移民却对邮局的服务相当满意。她告诉排在她后面的顾客,"在我以前居住的国家,可能只有一位职员,而且他还要每半个小时休息一下,让大家排队在那里等。这里好多了。"

那位生产部门经理,却有着不同的看法。他对自己说,"这历来是个瓶颈,我肯定,有人可能会重新设计一下整个操作程序,提高工作效率,降低成本。"

此时此刻,那位企业家却因为这次排队等候的经历而感到欣喜,因为这给了他巨大的潜在价值:一个新的商机。"我在想,与邮局相比,顾客愿意为一种可以替代邮局、无需等候的服务付多少钱——比如自助邮寄商亭?"他的脑海中不断地冒出如何利用科技来减少等候时间、创造利润的想法。

这三个人通过各自不同的心理框架来看待邮局排队的经历。这种情况很自然,因为人们的经历以及期望会影响他们对事情的看法。但涉及到决策,最初对于问题错误的认识,会导致错误的结论。还有另外一种情况,即成功地解决了错误的问题,或者以错误的方式解决了问题!

本章讨论的是,如何以实际情况和公司目标为出发点来正确

真正的问题所在

地认识问题。这很重要对于问题的错误认识，会影响制定切实可行的备选方案，而且会导致决策失误。本章就此提出了正确认识问题的方法。

危险与希望

J. 爱德华·拉索（J. Edward Russo）和保罗·J. H. 休梅克（Paul J. H. Schoemaker）对于界定问题有着精辟的分析。他们告诫说："谈到作决策，人们界定问题的方式——即人们（通常是下意识地）采用的某种特定的视角——对于他们将要采用或偏好的解决方案有着重大的影响。"[2] 因此，上面案例中的那位移民认为没有必要寻求改善邮局接待顾客的方法。在她看来，一切都很好。也许只有邮局经理会同意她这种看法。

相反，生产部经理和企业家希望有不同的解决邮局服务问题的方法，因为他们界定这种情形的框架完全不同。基于个人工作经验，生产部经理立即把缓慢前行的队伍看做是工作程序的问题，需要改进。正如古语所言，在锤子的眼中，所有的东西都像钉子。懂得如何界定问题的人也了解界定问题的所产生的影响。他们认识到，如果通过他们看问题的视角来界定某个问题，很有可能会作出他们所期望的决策。正如杰弗里·普费弗（Jeffery Pfeffer）在其所著的《依权管理》（*Managing with Power*）一书中所写的那样，"在要考虑和作出决定的议题范围内建构分析框架，往往等同于决定了结果。"[3]

要做到这一点，只要鼓励大家采用惠及公司的框架看待问题，就不成问题。请看下面这个案例：

> 一家出版社的行政主管正在开会，讨论公司经理戴维（David）的一项提议。戴维建议公司争取一套书籍的出版权，这套书共十册，是目前刚刚步入证券业的销售人员准备资格考试的自学教材。出版这套书有别于公司以前出版过的任何出版物，它将通过直销的方式销售给最终客户，而不是以标价的五折发给批发商和零售商进行销售。
>
> 与会的高级财务经理就预计的收入以及生产和销售成本向戴维进行了问询。而财务部副总裁对这项计划并不感兴趣。她说，"根据你的预测，这项计划会带来正的净现值，但是微乎其微。而且，收益回报率低于公司对新项目收益率的要求。"
>
> 戴维看到，如果收入与成本构成了唯一的参考框架，那么，这次会议的结果将是否定对这个项目的评估。除非迅速采取行动，否则，公司的新型出版物及其对于公司未来发展的潜在影响将不会被考虑。
>
> 出乎所有人的意料，戴维并未就一系列问题作出回答。相反，他礼貌地转移了第一轮的问题，开始陈述另外一个大家始料未及的问题。他开始说道："这项计划并非仅仅关系到这一单个项目的利润，而是关系到我们能够冲出过去十年中一直遵循的轨道，打入一个新的市场，一个充满着丰厚利润以及

真正的问题所在

蕴含着发展潜力的市场；关系到一个机遇，一个能够直接向我们的读者销售的机遇，而不是通过批发商和全国图书销售网，因为他们拿走了我们工作以及产品的大部分利润。"

在座的主管们略感惊讶，但都开始表示关注。戴维击中了两个重要的热点问题：丰厚的利润以及巨大的发展潜力。因此，他们让戴维继续发表看法。戴维说道："一旦我们在一个新的市场占领了一块阵地，与潜在的出版机遇相比，这个项目的利润多寡则显得不那么重要了。"他把这个项目比做第二次世界大战中的诺曼底登陆。"从历史来看，进攻的第一天通常都损失惨重。如果只计算这一天的损失，他们肯定会说，'我们应该待在英格兰。'但是，就是这一天开启了通向更伟大胜利的大门。"

稍事停顿之后，主管们继续提问。但是，他们的问题不再仅限于短期的销售与支出预算，而是关于戴维的计划怎样有助于公司的长远发展以及增加公司的利润。

在这个案例中，戴维果断地重新锁定了讨论，使得讨论朝着他的目标以及他所认为的对公司最有利的方向发展。这对于戴维来说很合适。但是他的框架就是解决问题的正确方法吗？这个问题值得思考，因为对于问题的错误认识注定会导致错误的决策。避免错误地认识问题的最有效的方法就是遵循以下几项原则：

● 不要全盘接受最初的看法。经常自问一下："事情果真如此吗？这是问题所在吗？"某种观点也许是错误的，或者是有人试图引导你按照某种特定的框架思考。

● 从多个视角考虑问题。在作出任何决策之前,从不同角度进行思考,然后讨论各种可能性。

● 努力去发现决策组中其他人的思维框架,也包括自己的。这些思维框架反映了哪些偏见?

● 发现并挑战主导观点下的任何假设,也包括你自己的假设。这是确保不被他人游说的最有效的方法。

● 看待问题时,要站在他人立场上考虑问题。决策专家艾伦·罗将其称为"换位思考"。例如,如果涉及一项产品设计决策,试着从一个非专业人士或维修人员的角度考虑这个决策。福特汽车公司在 20 世纪 80 年代研发现在无处不见的金牛座(Taurus)汽车时,采用了一个前所未有的方法,即邀请公司汽车代理网络的机械师对于汽车不同阶段的设计提出批评建议。这些机械师是最终要修理这款汽车的人,他们的视角与设计人员的视角完全不同。

勿把自己的心理框架强加于人

也许最严峻的挑战是如何避免人类本身固有的一种强烈意识,即自己的看法是正确的,然后想方设法说服别人同意自己的看法。说服他人本身是可以的,但必须遵循以上五个原则。

在前面的案例中,戴维不喜欢别人评估其计划时所用的框架。因此,他进行了反击,用自己的框架替代他人的框架。这样做的危险在于,正如上面提到过的,戴维的框架可能是错误的。

真正的问题所在

　　许多经理都犯过这样的错误——把自己界定的心理框架强加于人。这样做的结果是，在未了解问题性质之前，急于寻求解决方案。请看下面的案例：

　　　　一家玩具制造商开通了一条客户支持热线，解答顾客有关如何组装玩具产品的问题。客户打进电话的次数大增，以至于接听客户来电的客户服务人员应接不暇。顾客投诉说，要等上半个小时才能得到帮助。

　　　　负责管理热线服务的经理为此组建了一个团队来协助他决定如何最有效地解决这个问题。在和决策团队第一次开会时，这位经理的开场白是这样的："我们的客户支持热线遇到了一个严重的问题，客户等候电话服务的时间过长。我们必须要解决这个问题。"

　　这位经理把这个问题界定为等候电话回复时间方面的问题，他把决策团队的注意力集中在了如何缩短等候时间的方法上——比如，增加电话线路、增派电话服务代表以及延长服务时间等。这些方法只解决了问题的表面现象——过于繁忙的电话线，但是，问题的根源没有得以解决。要找到问题的根本所在，决策团队应考虑客户服务热线激增的原因。某种产品是否是引起电话过多的原因？是否因为产品设计存在缺陷，或者组装说明书存在问题？接听电话的客户服务人员是否缺乏培训？

　　假设这位经理这样界定这个问题："我们的客户支持热线遇到了一个严重的问题。客户来电数量激增，等候电话服务的时间过长。我们需要找出原因。然后决定采取何种解决办法。"决策团队所关注的重点将完全不同。

进行创造性思维

界定问题处于决策过程或解决问题过程的初期,非常适于进行创造性思维。这不会花费一分一毫,也不占用时间,却有机会把决策过程引入到新的、更有益的方向上。

可以从心理上跳出自我,以一种"局外人"的视角审视决策或问题。抛开自己通常看待问题的角度并非易事,但是如果做到了这一点,就有可能以新的角度看待任何情况。局外人视角的一个例子就是从顾客的眼中看公司——或者公司的某个特点。开展市场调查也可以让你做到这一点,但是进行市场调查费用昂贵,过程缓慢。一个更为便捷、更为经济的选择就是站在顾客的立场上,和你自己的公司做生意。请一位可靠的朋友或家人做同样的实验。

由收集公司相关产品或服务的信息开始实验,看看获取这种信息的难易程度如何。而后通过典型的销售渠道购买公司产品。通过公司免费电话或网站购买商品的经历又如何呢?现在,向代理商或公司客户服务部就某个问题进行投诉,关注投诉是如何得以解决的。

使用这种富有创造力的方法的目的是通过客户的视角了解公司。这种了解可以把你带到界定问题、进行改善的最佳位置。遇到一个问题或一项决策时,以团队为出发点去界定问题。永远不要一开始就认为你知道问题所在。相反,要挑战自己及团队,通过从不同角度界定问题以及评估现有信息是否能够支持你的观点,来找出问题的根源。在整个过程中,提出一些没有标准答案的开放性问题,鼓励探讨,而不是根据事先对于问题的假设而提出有既定答案的问题。

以下是一些能够引发讨论以及思想交流的开放性问题的例子:

"你有什么证据证明我们存在问题?"

"这个问题是个别的,还是涉及到其他部门?"

"如何衡量问题的严重性?"

而有既定答案的问题却相反,通常只需要回答是或不是:

"所以,你已经与那两个部门谈过此事了?"

"你认为我们需要尽快作出决策吗?"

讨论和思想交流会引导你正确认识问题。而在正确认识问题之后,就将进入决策程序的下一步:拟定多个备选方案。

小　　结

● 框架是一扇心理之窗,我们透过这扇窗,认识问题、了解情况、看清机遇。

● 如果对于情况的界定是错误的,决策可能会失误;如果问题界定正确,决策就已经成功了一半。

● 谨请注意。有些人试图用自己的框架界定问题以契合个人利益。

● 永远不要接受最初的问题框架。积极寻求不同看法。

● 在所有的框架中寻找偏见及假设。

真正的问题所在

决

哈佛商务指南

决 策

4 制定备选方案

4 制定备选方案

——优选解决之道的源泉

本章关键话题

- 为什么好的决策取决于备选方案
- 制定备选方案的方法
- 创造性团队的优势
- 优良方案的特点

成功决策来自于一套可行性方案。在很多情况下,决策者对于一种选择不是简单地说行或不行,而是说:"这个想法很有意思,但不可能是唯一的。在我们作任何决定之前,让我们想想其他办法。"

乔治(George),一家消费品公司的营销部经理,召开了一次团队会议,讨论公司洗涤剂产品在拉丁美洲的销售问题。"我们在拉丁美洲的销售,比一年以前进入拉美市场时预计的销售量少了 23%。"他说道:"我们需要提高销售量——而且要迅速提高。我需要大家的意见。"大家面面相觑,都等着别人先发言。乔治等得不耐烦了。他首先打破了沉默,建议更换包装。"我注意到我们的竞争对手在拉美销售

的洗涤剂的包装比在美国销售的包装要小。关于消费者行
为,他们也许知道一些我们不知道的信息。"

　　按照这条线索,金(Kim)插话表达了自己对于包装和消
费趋势的看法。另外一个人描述了在拉美旺销的一种产品的
包装。每个人似乎都对产品包装以及如何改进包装以促进销
售有着自己的见解。会议结束时作出了决定,成立一个特别
工作小组负责研发新的产品包装。

对于这家公司来讲,改变包装是否就是最佳解决之道呢? 有
这种可能。负责开发新包装的工作小组可能会研究出颇具价值的
东西。但是,对于在拉丁美洲销售不佳的问题,可能还有更有价值
的解决方法——比如,改变产品定价或者变换广告语以及促销方
式。也许产品本身需要一些改进。但是,如果乔治和他的团队立
即采取改变包装的路线,他们就永远不会知道其他解决办法的优
点。决策者应不断探寻各种解决方案。本章阐述了备选的决策方
案的价值,并提供了制定备选方案的实用信息。

制定备选方案

　　要作出知情决策,需要有多种选择。备选方案就是这些选择。
对不同方案的优点进行权衡后,更有可能就某种情况作出最佳决
策。如果缺少备选方案,则只有非此即彼两种选择:我们该做还是
不该做? 这根本算不上一种选择,而且几乎很难作出有效决策。

优选解决之道的源泉

决策专家戴维·马西森和吉姆·马西森甚至认为，"创造性的、切实可行的备选方案是作任何决策的前提条件。没有备选方案，决策无从谈起。"[1]

虽然决策团队必须积极思考解决方案，但决策所需的备选方案要提供多种多样的可能性。备选方案如何产生呢？让我们再回到本章开篇中的案例。乔治及其团队曾谈论如何促进拉丁美洲洗涤剂的销售。这个会议似乎进行得很顺利。那么，有什么地方出问题了吗？

在这个方案中，经理未能使团队制定出备选方案。他没有能够促成良好的辩论以及建设性的分歧。反之，过度和谐一致导致了团队专注于最先提出的想法：研究不同包装方案。几乎没有什么创造性或创新性思维。因此，没有新的想法浮出水面，团队也就采纳了第一种建议方案，即经理的意见。

身为一名决策者，在此阶段的目标应是尽可能地发掘出更多的备选方案。集思广益是激发不同想法及行动方案的有效方法。

集 思 广 益

集思广益是一种用来激发各种解决问题的方案的方法，可以由个人来完成，但团队集体进行效果更佳，因为多人的见解与经验聚合在一起，通常比个人独立思考产生出更多的想法和意见，无论那个人有多聪明。

进行集思广益,采集各种可行之道,可由一张空白活页挂图或一个白板开始。让大家说出他们头脑中出现的任何想法,或者给每个人几分钟写出各自的想法与大家分享。无论采用哪种方法,都把想到的记录下来,但是不要评论其优缺点——至少现在不需要。

如果身为讨论的组织者,在听取任何观点时,都要严格保持中立。不要用任何信号表现出支持或反对任何人提出的任何方案。比如,要避免这类言辞:"谢谢你,琼(Jean)——这是我们今天上午所听到的最棒的想法。"或者"谢谢你,赫布(Herb)。我对这种方案的可行性表示怀疑,但我会把它列入表中。"类似这样的评论会使大家产生偏见,在还未讨论各种观点的优缺点之前,即对某些观点表示支持或反对。如果主持集思广益讨论会的负责人具有强大的影响力,保持中立尤为必要。

大家能够开诚布公地谈论各自的想法,即便自己的想法与同事或上司的想法相左,也仍然能把想法说出来(见"制定备选方案的建议"),这时候集思广益的效果最佳。开会的氛围应能够鼓励生性腼腆的人积极参与。根据以往的经验,团队会议中总有一些人能够积极发言。他们通常比较外向、自信,而且很容易在讨论中占上风。但是,外向、自信与好主意之间并无必然联系。那个坐在桌子另外一头的默不作声的人也许有着最棒的点子。作为主持者,你有责任征求她的意见。会议主持者可以要求参会者把各自的观点写在纸上,然后传给主持者。这种方法非常适用于以上的那种情况。一个能够创造性地解决问题人可能碰巧是一个害羞的

优选解决之道的源泉

人,不喜欢在集体讨论中发言,但用书面的方式表达自己的观点可能不成问题。

制定备选方案的建议

在开会征求备选方案时,要遵循以下这些建议:

● 邀请局外人、专家以及新职员定期参加会议。局外人可以提供新的想法、新的视角以及富有意义的批评。

● 进行外部参照,观察其他公司或行业如何解决类似问题。

● 鼓励决策团队成员跳出既定角色来思考不同选择。例如,如果就一项新产品创意进行集思广益,邀请营销部门的同事参加,但是要求他从财务人员的角度来考虑。如果人们跳出自己的职务角色来考虑问题,可能会迸发出更多具有创造性的想法。

● 经常问一些探讨性的问题,诸如:"该考虑其他什么样的方法?","该如何对待有关_____的问题?"这样,就避免了过早作出决策,因为那很可能不是最佳决策。在众多探讨性的问题中,最重要的是那些检验团队的看法是否有效的问题。团队的看法应予以明确表述,并进行公开讨论。

● 乐于听取并讨论不同观点。这并非易事,而身为决策团队的领导应该成为这方面的典范。如果团队领导对于不同意见表现出宽容以及兴趣,其他成员会注意到并效仿。

● 时常重新考虑一下那些被弃置不用的备选方案,确保放弃这些方案是基于充分的理由。

● 不要忽略那些综合备选方案。多数情况下,可以把两个或更多的备选方案的优点综合在一起,形成一个新的、更优化的方案。比如,深受人们喜爱的运动型轿车就是一种混合型产品,集合了轻型卡车和普通轿车的优点。同样,20世纪80年代出现的迷你货车也是综合了厢式、卡车式货车的功能,同时兼具客车的舒适性。

一开始就要表明,最终结果并未事先设定,每个人的意见都会得到珍惜,这样才能鼓励公开、坦诚的对话。建议大家跳出个人或部门的角色考虑问题。重点在于如何利用所有能够获得的信息为公司争取最佳结果。

决策参与者穷尽其才后,看看写在白板上的那些想法,究竟有多少? 如果数量很多,可以把它们按主题归类。例如,前面提到的洗涤剂公司的团队可以把备选方案按下面的类别进行归类:包装、定价、卖场陈列、促销、产品重新配方。把各种想法归类有助于集中力量改进。

有证据表明,首先让个人提出各种备选方案,然后在团队会议上与大家分享。这种方法可以让你从集思广益中收获更多。[2] 使用这一技巧可以防止由说服或迫于同事压力而导致的观点过于统一——这种情况通常发生在持不同观点的人开始与他人交谈的时候。以后会有许多讨论和统一观点的机会。

备选方案为成功决策提供了选择。鼓励团队参与,欢迎创造性的分歧,听取意见,可以制定出一些不同的可供选择的方案,为进入下一个阶段——评估备选方案作好充分准备。

请创造型团队参与决策

如果让一个创造型团队参与决策,寻求备选方案时会更加成功。团队比个人独立思考更能获得创造性的想法,因为团队拥有

优选解决之道的源泉

更多能力强、洞察力高以及能量大的人。然而团队必须容纳多种思维方式和技巧,才能使团队优于个人的潜力得到发挥。这种多样性具备以下几方面的优点:

● 每个成员的不同之处能够擦出创造力的火花,从而迸发出新的想法。

● 各种不同的想法及视角能够避免"团体盲思"(group-think),一种使得个人的想法因社会原因而统一在某个观点上的倾向。

● 多种不同意见及方式能够促使好的意见得以进一步完善。

因此,经理们必须考虑如何组建团队以及如何相互沟通。

一个创造型团队带有矛盾的特点。其思维以及行为方式在别人看来是相互排斥或相互矛盾的。比如,为圆满完成任务,团队必须深入了解各种关于所面临的问题的相关信息,并且要掌握解决问题的程序。但同时,团队也需要崭新的视角,从而不会被惯常的做法或大家普遍认同的观点所制约。这种视角通常被称为"新人心理",是一个初来乍到者看待问题的角度。新来的人一般比较好奇,甚至有些顽皮,爱问各种各样的问题——无论那问题看起来有多么幼稚。因此,吸收个性迥异的成员参与决策有助于产生新的想法。

尽管多样性思维以及技巧对于制定不同的备选方案非常有价值,但是,它同时也存在危险性。不同的思维方式无法达成一致,即使你期望能够达成一致,也未必能够如愿。分歧在所难免,经理的职责是把摩擦变成富有成效的思考。为促成这种情况,团队成员必须倾听彼此的意见,愿意了解他人的观点,讨论彼此的意见。

同时,作为经理,必须防止观点上的分歧演变成为人身攻击,或由公开对抗转变为暗中较量,导致怨恨在同事之间滋生。解决破坏性分歧的最佳方法是建立一套团队的行为准则。团队的行为准则应该是怎样的呢?这取决于团队的目标及其成员的个性。团队准则必须简洁明确,使得团队成员能够深刻理解,并且严格遵守。以下是团队准则的一些范例:

- 团队成员必须相互尊重。
- 团队成员承诺积极主动听取他人意见。
- 每个成员都有机会发言。
- 不同观点是成员之间相互学习的重要资源。
- 成员之间可以反驳任何观点和意见,但不能进行人身攻击。(见"处理创造性分歧三步曲")
- 必须进行风险预计及评估。
- 公布并分析失败的原因,从中汲取教训。
- 欢迎快乐的态度。
- 团队成员共同庆祝成功。

无论采用何种行为准则,都必须确保所有成员都参与准则的制定,并且要遵守准则。

处理创造性分歧三步曲

即使团队成员已就某种行为准则达成共识，分歧依然存在，即使在创造型团队中也是如此。但分歧本身并非坏事。事实上，如果处理得当，由分歧导致的摩擦能够激发突破性的想法。以下三个步骤能够帮助你把分歧变为创造力资产。

1. 创造一种氛围，使人乐于讨论棘手的问题。让团队了解"桌子上的驼鹿"（the moose on the table）的概念：指阻碍前进、但又无人愿意讨论如何解决的重大障碍或问题。让大家明白，你希望他们说出棘手的问题，而且每个人都能够指出一头驼鹿（一个棘手的问题）。

2. 鼓励讨论。在有人指出驼鹿后，又该如何处理呢？请遵循以下这些原则：

- 立即停下手头的工作，了解情况，即使只有一个人指出来。
- 参照一贯采取的团队准则去管理团队成员对待彼此的方式。
- 鼓励指出问题所在的那个人具体地描述问题。
- 就事论事，对事不对人。重要的不是追究责任，而是讨论什么，而不是谁，阻碍了工作进展。
- 如果问题涉及某个人的行为，鼓励指出问题的那个人解释这种行为对他有怎样的影响，而不是猜测这种行为背后的动机。

3. 以讨论如何解决问题中止辩论。

- 如果未能解决问题，提出具体的改进建议。
- 如果问题过于敏感，而且讨论无果，考虑把会议延期至某个特定日期，这样，大家都可以冷静下来。或者考虑寻求帮助。

优良的备选方案的特点

制定一系列备选方案是一方面,而制定出优良的方案却另当别论。一组不佳的方案只会令你陷入一种尴尬的局面,在两个或(多个)错误方案中作出选择。而一组优良的方案却会产生出截然不同的效果。

然而,什么才是好的方案呢? 在《高明的组织》一书中,戴维·马西森和吉姆·马西森对此进行了阐述。他们指出,好方案应具备如下特点:

- 结构丰富,而非其他概念的简单变异。
- 真实原创。制定备选方案的目的不只是使其他方案显得更优越或更合理;备选方案也绝非翻新以前曾被放弃的方案。
- 切实可行,依公司的实际能力及资源而定。
- "足而不冗,足以代表真正的选择,但是并无冗余,太多的选择反而会降低评估及选择的能力。"[3]

下面我们具体讨论以上这些特点。

结构丰富 大多数决策至少是许多决策,都能够为后续行动提供广泛支持。例如,一个消费品公司为制定最佳分销战略,可能会考虑这些选择:零售商品(位于大型购物中心内以及独立的店铺)、产品目录推广、网上销售、通过几家批发商批发,或者以上几种方式的结合。这些渠道为决策者提供了多种选择。

优选解决之道的源泉

真实原创 "稻草人"是指站不住脚的观点或选择。树立稻草人的目的只有一个：反衬出其他选择的正确性。稻草人只不过是一个错误的选择，必须从决策备选方案中剔除。

切实可行 某些方法对于某个公司是可行的，但在其他公司里却行不通。例如，对于空中客车公司（Airbus）或波音公司（Boeing）来说，制造一架能够承载 500 名乘客、跨大陆飞行的新型飞机是可行的，但是对于派普尔飞机制造公司（Piper Aircraft Company）来说，却是无法完成的任务，因为它不具备开展这种大型项目的资源及能力。在集思广益制定备选方案时，高瞻远瞩很重要，但是，客观务实同样重要。

一个方案的可行性最终会通过具体的评估得以检验，后面会对此进行分析。然而，评估需要时间，需要金钱。因此，决策团队应当淘汰那些注定不会通过评估测验的方案，因为考虑到问题的大小，这些方案明显成本过高或者不切实际，或者根本就是邦迪似的补救式解决办法（Band-Aid solutions）。文森特·巴拉巴（Vincent Barabba）用自己的方式恰当地描述了如何制定备选方案："为什么要浪费资源去测试一个永远不会实行的方案呢？"[4]

足而不冗 制定出足够多的备选方案，目的是为决策者提供多种选择，但同时又不能让他们茫然不知如何选择。那种认为"如果五个方案正好的话，那么五十个更好"的观点并不正确。要客观务实。一定要记住，最终进入候选名单的方案才会被评估，因为这一过程既花费时间，又会牵扯公司许多重要人物的精力。

在这一点上，你可以回想一下你参与过的上一个决策。自问一下,"我们制定的备选方案是否符合这些标准?"也就是说,你们的备选方案是否结构丰富、真实原创、切实可行,是否足而不冗,能够给予决策者真正的选择? 如果不具备以上特点,下次要努力赋予备选方案这些特点,并且可以利用本章提供的方法。

小　　结

● 缺少备选方案,决策则无从谈起。作为决策者,职责之一就是确定一系列切实可行的、优秀的备选方案。

● 集思广益对于激发制定备选方案的灵感以及解决问题行之有效。但是,要记住,这只有在决策成员愿意敞开心扉、畅所欲言的时候才能行得通。

● 不要忽视综合方案,因为这种方案集两种以上方案的优点于一身。

● 如果邀请具备不同技能以及观点的人员参与决策,决策会更成功。这样会产生出具有创造性的分歧。作为经理,职责就是把分歧引入卓有成效的方向。

● 专家认为,好的备选方案应该结构丰富、真实原创、切实可行、足而不冗,从而能够给予决策者真正的选择。

优选解决之道的源泉

决策

策

5 评估备选方案

5 评估备选方案
——发现每个方案的价值所在

本章关键话题

● 方案评估时应当考虑的因素

● 方案分析的财务工具

● 优先矩阵以及权衡比较表方法

● 利用决策树来描述问题

● 决策软件的类型

美国独立战争爆发前的几年,富兰克林由费城移居伦敦,时任驻英国的殖民国代表。富兰克林在文学及科学界的盛名使得他迅速进入英国文学及科学界的最高社交圈。在他新结识的人中包括约瑟夫·普里斯特利 (Joseph Priestley),一位化学界自学成才的先锋。

普里斯特利遇到一个问题。有人高薪聘请他到伦敦任职。但是,接受这个职位,就意味着要离开故乡利兹市,而且会影响他的科学实验。他该怎么办呢?为此,他找到了他高贵的朋友——富兰克林,需求建议。

富兰克林非常理解普里斯特利的处境。事实上,他也正面临类似的困境。一方面,他喜欢伦敦生动活泼的学术氛围，留恋与英国科学及文化精英们的友谊。另一方面，他也很想念费城、他的家人及朋友。他有继续留在伦敦的理由，同样也有回到美国的理由。他又该如何抉择呢？

富兰克林有一套处理这类决策的方法。他在 1772 年 9 月把这个方法写信告诉了普里斯特利。富兰克林这样写道：作出这种决策是艰难的，因为人们常常先是听到所有论据都支持某种选择，而后是所有反对这种选择的理由；但是他们却很少把支持和反对的理由分别作为一个整体进行认真研究，这样就很难权衡某种选择的利弊。富兰克林向普里斯特利解释他的方法，即把两种选择放在一起，对每种选择进行心理权衡。

> 我的方法是在一张纸上划出两栏，一栏写上支持的理由，另一栏写上反对的理由。然后，花三四天考虑，期间在支持或反对的栏下写下不时想到的理由。只有当我能够把所有支持或反对的理由统一成一个观点时，我才会试着对它们进行评估。如果总结出两个观点，一个支持和一个反对，而且两个同等重要，我会把它们全部划掉。如果发现一个支持的理由与两个反对的理由同样重要，我会把这三个理由全部划掉。如果有两种反对的理由的重要性等同于三个支持的理由，则划掉五个，经过这个过程，最终就会找到平衡点所在。[1]

富兰克林，一个在诸多领域领先于他的时代的人物，在 18 世纪的时候就已经运用今天称之为等值交换的决策技巧了。[2] 对于不

同选择的优缺点进行权衡与评估。在本章你也将会学到这种切实可行的决策技巧。

需要考虑的因素

一旦确定了一系列备选方案,就必须就每个方案对于实现最初设定的目标的意义进行评估。每个方案对于目标的实现能够起多大作用?

为了回答以上问题,经理们必须考虑以下诸多因素:

● **成本** 这个方案的成本是多少?该方案是否现在就能够实现成本收益还是要经过很长的一段时期?是否存在隐蔽成本?将来是否会有额外成本?这个方案是否能够不超出预算?

● **利润** 如果采用这个方案,会实现多少利润或其他利益?是否会提高产品质量?是否能增加客户满意度?或是有利于提高员工工作效率?

● **财务影响** 如果采用净现值估算,这个方案的货币成本及其利润将对公司业绩产生何种影响?该如何把握出现这种影响的时机?实施这个方案是否需要借贷?

● **无形影响** 如果实施这个方案,是否能够提高公司声誉?公司客户或员工是否会更满意、更忠诚?

● **时间** 实施这项方案需要多长时间?延误的可能性有多大?一旦出现延误,会对项目进展产生何种影响?

● **可行性** 这个方案是否可行？有哪些需要克服的困难？如果实施这个方案,会遇到来自公司内外的哪些阻力？

● **资源** 实施这项方案需要多少人手？能否找到？还是需要招聘、培训新人？如果把工作重点集中在这个方案上,其他项目会受到怎样的影响？

● **风险** 这个方案有什么风险？例如:是否会导致利润损失或削弱竞争优势？竞争对手会作何反应？因为风险等同于不确定因素,何种信息会降低这些不确定因素？获取能够降低风险的信息是否成本过高或难度过大？

● **道德** 这个方案是否合法？是否符合客户、员工以及所涉及的社区的利益？如果让他人知道公司正在考虑这个方案,公司是否觉得问心无愧？

毋庸置疑,以上是决策时必须要考虑的因素。显然,某些因素对于公司来讲,更加重要一些。在商业活动中,人们考虑最多的还是财务因素,这通常会通过适当的财务分析方法来解决。

财 务 分 析

当公司面临战略性和资本预算这类重大决策时,会把重点放在财务分析方法上。毕竟公司会对那些能够为公司股东创造最高财务价值的方案更有兴趣。他们所关注的是不同选择对于公司业

发现每个方案的价值所在

绩的影响。

财务价值通常用净现值（NPV）来表示，指用一项或多项未来的现金流减去任何初始投资成本而得出的现值（PV）。现值因此被定义为一项未来账款以某个年复利的形式折算成今天的货币价值。

净现值是经理们所采用的最有力、最有效的决策分析工具之一。无论你是在考虑开发一个新产品、购买新资产，还是考虑任何投资项目，这个工具都能够帮助你作出决策。这个工具最大的优点是，能够分析决策中公司的资金成本。

净现值分析简单易行，请看如下步骤：

1. 估算这个方案的未来现金流量。

2. 按某个预先设定的利率折算每个现金流（这个利率通常是公司资金成本率——一般在 10%－15% 之间）。

3. 把折现后的现金流相加。

4. 减去初始的现金投入。

举例来说，假设甲方案是购买一台价值 25 万美元的设备。工程师对于相关成本与收益进行了预测，并计算出这台设备每年将产生出 7 万美元的正的现金流，并将持续五年，如表 5－1 所示。五年之后，他们预计这台设备将会老损，毫无价值。在财务主管的建议下，以 10% 的利率折算每年的现金流，即公司的资金成本率，得出每年的现值。这个现值的计算方法只要简单地利用电子数据表格（如 Excel 等）或者设计好的商业计算器程序就可以算出。

表 5－1　净现值案例(单位:千/美元)

年	0	1	2	3	4	5
现金流	−250	+70	+70	+70	+70	+70
以 10% 折算后的现值	−250	+63.63	+57.82	+52.57	+47.81	+43.47

净现值 = 15.3 (15,300 美元)

　　每年的现金流总和减去初始投资 25 万美元,等于净现值 15,300 美元,如表所示。这部分就是该方案超出成本的价值,包括资金成本。如果能够在五年之后卖掉设备,或者从中再获得一两年的正现金流,那么,这个方案会更有价值。

　　为了使财务分析更加完整,还要确定正在考虑之中的其他方案的净现值,然后再进行比较。在所有其他因素都相同的情况下,净现值高的方案更加具有财务价值。

　　某些商业人士依然采用回收期法来判定收回投资的周期。让我们再回到表 5－1 的例子中,我们可以看到以每年 7 万美元的现金流的速度,公司大约需要三年半的时间才能收回购买新设备所投入的 25 万美元。这种方法简单明了,但却没有考虑到公司的资金成本以及这样一个事实,即因为金钱的时间价值,未来每一个美元的现金流的价值并不等于今天的一美元,正因为净现值考虑的是这些重要因素,所以它才成为财务分析的首选工具。

　　当然,在能够比较确切估计未来现金流的情况下,净现值是最有效的分析工具。如果那些估计跟猜测差不多,则净现值对于决策毫无帮助。某些分析人士会设想出最佳情况、最坏情况以及最有可能发生的情况,用以应对预测未来现金流的内在困难,这些设

发现每个方案的价值所在

想的情况为决策者提供了一个可能产生的后果范围。如果希望了解更多净现值分析的知识，可以查阅任何金融方面的书籍或查阅本书后面的附录 B，其中对于净现值进行了深入的阐述。该附录还阐述了其他几种财务分析工具，如：盈亏平衡分析、敏感性分析以及内部回报率（IRR）。所有这些分析方法都在决策中占有一席之地。

优 先 矩 阵

并非所有的决策都能够用财务分析的方法来检验。而且金钱以外的价值也往往非常重要。那么，该如何评估权衡这类方案呢？一种方法就是利用优先矩阵，这种方法可以比较出哪种方案更有望达到目标。和富兰克林的方法类似，优先矩阵利用加权分值来对每个方案进行排序，获得最高分值的方案即被认为是最佳方案。

绘制优先矩阵，首先需要列出决策目标，然后，赋予每个目标价值权重（比如，最高分为 4）。接下来，把每个目标及其相应价值进行排序，作为矩阵列的列头，如表 5－2 所示。把方案填入矩阵的行中，下一步，则就每个方案进行估算，根据每个方案对于实现目标的作用来进行打分，分值在 1－10 之间（10 分为最具可能性），然后用分值乘以优先价值。把每个方案的所有分值相加，得出哪个方案得分最高。根据其优先性，这个得分最高的方案即为最佳方案。

表 5－2 优先矩阵

方案	增加利润(4)	保持低客户成本(3)	迅速实施(2)	避免消耗内部资源(1)	总分数
方案甲	9×4＝36	2×3＝6	7×2＝14	2×1＝2	58
方案乙	2×4＝8	9×3＝27	8×2＝16	3×1＝3	54

资料来源：Harvard ManageMentor® on Making Business Decisions。经许可使用。

在这个例子中，首要目标是"增加利润"，因此，这个目标分值为 4；"避免消耗内部资源"优先性最低，值 1 分。请注意，在实现增加利润这个目标方面，方案甲被赋予了最高的可能性——9，如果把这个估算与这个目标的重要性 4 相乘，那么，方案甲在矩阵中的最终得分为 36(9 ×4＝36)。正如所见，方案甲的得分高于方案乙，因此，对于公司来讲，方案甲更有价值。

权衡比较表

比较不同方案的另外一种方法是绘制权衡比较表。这张表格有助于确定不同方案之间的差异程度大小。与优先矩阵不同的是，这种方法得出的并非具体数字分值，而是把每个方案的关键因素并列在一张表中，这样使人更加容易进行权衡比较，正如富兰克林建议的那样。

采用这种方法，能够确定每个方案的重要特性，并且加以比

发现每个方案的价值所在

较。但是有别于优先矩阵需要确定每个方案的优先性并进行估算的做法,这种方法使用更加具体的数据。表5—3即为权衡比较表的一个例子,同样把利润、客户成本、实施时间以及所需的公司资源作为决策者考虑的关键因素。

表5—3　权衡比较表

方案	利润	客户成本	实施时间	内部资源
方案甲	利润增长10万美元	单位客户成本增加1美元	需要6个月实施	需要20人
方案乙	利润增长1万美元	无增加客户成本	需要4个月实施	需要15人

资料来源：Harvard ManageMentor® on Making Business Decisions。经许可使用。

列举每个方案的相关信息后,要考虑这些因素对于公司的重要性,而后确定你愿意做何种交易。例如,比较方案甲和方案乙,方案甲会为公司多带来9万美元的利润,这能否抵消其额外增加的五名员工的工资成本呢? 一定要根据每个目标的优先性来权衡比较不同方案。

正如优先矩阵一样,权衡比较表也同样是一种有效的方法,能够促使决策成员对每种选择的不同特点进行讨论。显然,不同的人在确定不同因素的优先性时,会赋予其不同的权重,因为他们所看重的因素各不相同。他们会就每个方案的实施时间而争论,就这些不同之处进行讨论。这种讨论大有裨益,可以使大家掌握更多信息,也向人们提出挑战,促使他们找出基于实践经验的论据来支持各自的观点。

　　表5-3的权衡比较表说明,在大多数情况下,这种方法可以,也应该辅以强有力的财务分析方法来加以证明。例如,权衡比较表估计方案甲可以为公司增加10万美元的利润,净现值分析会迫使决策者回答表中没有解决的其他相关问题:要多长时间才能实现这种利润增长? 这种利润增长能够持续多久? 公司要保持怎样的投资规模才能获得上述结果?

决 策 树

　　决策树,一种有效的分析工具,可以直观地显示方案实施过程以及可能出现的结果,决策树也可以被看做是不同选择的路线图。

　　图5-1描述了一家公司最近一个新产品开发的决策树。此时,管理层面临着两种选择:是放弃这个计划还是继续开发。

　　放弃计划自然会导致毫无结果。然而,继续开发注定会产生两种结果中的任何一个:新产品成功投放市场或者无法推出新产品。两种结果都有可能性(P)。可能性是指对于未来所要发生的时间的量化估计。在该图中,如果公司继续开发这种产品,成功投入新产品的可能性预计为45%。通常,决策小组会让每个成员(或者其他曾经经历过类似情况的人士)提供自己的估算。然后,再取这些估算结果的平均值,在决策树中的可能性一栏中表示出来。

在实际操作中,决策组不仅会估算出各种结果的可能性,而且还包括其财务价值。

图 5—1 决策树简图

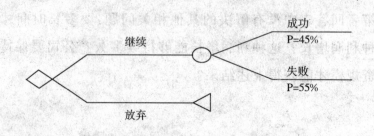

资料来源:George Wu, "Decision Analysis" Note 9-894-004 (Boston: Harvard Business School, revised December 4, 1997), 6。经许可使用。

决策树利用图形表示不同方案及其可能产生的结果,正如决策组成员或分析师进行估算一样。决策树被画在白板上或显示在屏幕上,会成为决策组成员讨论的焦点。这种方法对于投资决策尤为奏效,因为利用决策树,可以合理估算出不同的结果,例如成功或失败,同时还可以估算出财务结果。

请看一个典型的例子。你及你的团队必须决定是继续自行生产某个产品部件还是把这项工作外包给供应商。决策树可以显示出这两种不同方案,如图 5—2 所示。根据这个决策树分析,应采取的最佳方案是方案乙。两种方案中,方案乙能够提供最高的规避风险的净现值。该方案能够降低风险,因为它包括了最终的财务结果的可能性分析。

图 5-2　扩展的决策树

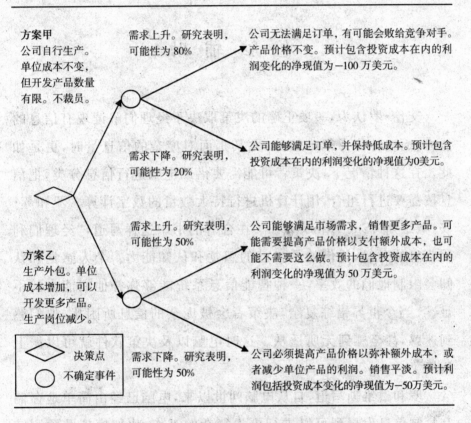

方案甲
公司自行生产。
单位成本不变，
但开发产品数量
有限。不裁员。

需求上升。研究表明，
可能性为80%

公司无法满足订单，有可能会败给竞争对手。
产品价格不变。预计包含投资成本在内的利
润变化的净现值为-100万美元。

需求下降。研究表明，
可能性为20%

公司能够满足订单，并保持低成本。预计包含
投资成本在内的利润变化的净现值为0美元。

需求上升。研究表明，
可能性为50%

公司能够满足市场需求，销售更多产品。可
能需要提高产品价格以支付额外成本，也可
能不需要这么做。预计包含投资成本在内的
利润变化的净现值为50万美元。

方案乙
生产外包。单位
成本增加，可以
开发更多产品。
生产岗位减少。

◇　决策点
○　不确定事件

需求下降。研究表明，
可能性为50%

公司必须提高产品价格以弥补额外成本，或
者减少单位产品的利润。销售平淡。预计利
润包括投资成本变化的净现值为-50万美元。

　　资料来源：Harvard ManageMentor® on Making Business Decisions,
经许可使用。

　　决策树通常要包括比图 5-1 更多的内容，较为复杂的决策树
评估的方案也较多，其中包括多个决策点。总的来说，考虑的方案
越多，决策越复杂，越有可能找到符合要求的答案。然而，决策树
并不能够自动指明最佳的行动方案，仍然需要进行其他评估。而
且，决策树中所显示的可能性及财务估算，必须是现实的，必须基

发现每个方案的价值所在

于现有数据。

电 脑 辅 助

艾伦·罗认为,一项正确的决策取决于经理们解读现有信息的能力,而这种能力很难培养,尤其是面对庞杂的信息量时,更是如此。在这种情况下,决策者可能需要借助电脑进行信息分类,把信息按需要进行组合,用计算机进行特大数量的数字计算。罗和苏·安·戴维斯（Sue Anne Davis）在合著的书中这样写道,"经理们利用信息的时候,凭借的是自己的感觉和认知能力。个人感觉和认知会限制他们的效率,一种智能信息系统能够弥补他们能力的不足。"[3] 当今世界错综复杂,决策者会被庞杂的信息所困扰,他们感到迷惑,甚至感到无所适从。这时电脑以及决策软件就可以派上用场了。

罗和戴维斯写道,自从电脑问世以来,电脑已经由简单地存储和复制信息发展到可以进行更为复杂的工作,比如模拟及预测结果。实际上,科技能够通过决策软件的形式为经理们提供决策帮助。现在有一些软件工具专注于特别的分析方法,比如决策树。而有些软件则能够为使用者提供方案的情景模块,并且运行情景模拟,其中有些软件是为某些行业量身定做的,比如保险承销、商业贷款以及能源产业的投资组合管理。这些简单易行的软件工具价格合理,可以直接从商店购买。

戴维·马西森是智能组织（SmartOrg.）的 CEO，该公司位于加利福尼亚的门洛帕克（Menlo Park），专门生产决策支持软件。戴维把这些软件工具分为四种。第一种，也是最简单的一种，他称之为产品选择软件。如果你曾经在网上购买过相机或相关产品的话，很可能已经使用过这种决策工具。这种工具软件会让你回答一系列有关你自己个人购物行为的问题，比如你的照相技术、购买相机的用途、配件及价位、相机的像素（对数码相机而言）等等。在一两秒钟的处理之后，软件程序会为你提供一系列符合要求的相机供你选择。

保险公司以及贷款机构已经开发出了类似的程序，但是较为复杂。这种"专家系统"可以辅助决策。最早开发的这类软件之一即被用来帮助保险承销专家更快、更好地进行决策。这套软件系统对于潜在的保险客户提交的申请进行筛查，依据的是一套签发保单的标准，从而决定是否签发保单。例如，如果某个申请人表明曾有过早期心脏病的家族史，或者驾驶记录上曾有过两次以上的交通违章，该系统即会自动为这个申请人记录下一定的负分值。这种软件在迅速准确地处理类似情况的同时，能够使保险业务员集中精力及时间处理更加复杂棘手的情况，并且有望帮助业务员作出更加明智的决策。现在许多贷款申请也是通过类似的决策辅助软件得以处理的。

马西森把团队生产力软件划归为第二种主要的决策辅助软件。这类软件可以帮助决策者根据其偏好相互交流，并且能够识别出他们同意或者存在争议的内容。例如，一组广告公司经理及创作人员可以使用这类与投票表决装置相连的软件,来了解大家对于多媒体广告节目中的诸多因素的支持率。团队成员能够迅速了解他们一致同意或存在分歧的内容,同时还可以了解大家的好恶程度,然后,再集中探讨导致分歧的问题。

决策分析软件被马西森划分为第三种软件。这类软件可以用来简化决策树的绘制,并进行风险管理,也可用来辅助决策者构建影响决策结果的诸多因素模块,并对这些因素进行量化。除此之外,还可以用一张电子数据表格模拟某个计划项目的资产负债表,使得大家都可以看到不同收支情境下的公司业绩,是一种典型的假设练习。

而最为复杂的决策软件是被马西森称为企业决策工具的软件。这类动态系统涵盖了可能性分析,并且能够预测现金流以及其他许多内容。智能组织研发的"以价值为基础的管理系统",最初的目的就是帮助研发组织识别并管理风险,以及识别单个项目和整个研发组合中能够产生价值的因素。例如,该软件的一个重要特点就是用图表显示每个不确定因素(比如可变成本和定价)对于净现值的影响。这能够帮助决策者很容易地判别在诸多不确定因素中,哪些因素最危险,哪些因素相对不太重要。这个软件的另外一个特点是,能够对于研发组合中的所有项目按投资回报率的高低进行排序。这些功能可以帮助经理们决定为哪些项目提供资金,要否决哪些项目。而对于一个以研发为主的大型企业来说,这些决策价值上百万资金。

你可能正在使用某种决策软件,即使仅仅是用 Excel 电子表格制作下一年的预计损益计算表，也是一个好的开始。而且你也可以获得功能更加齐全的软件（见"想了解更多有关决策软件的知识？"）。这样，你可以更多地了解那些有助于公司业务的软件工具的相关信息。

想要了解更多有关决策软件的知识？

现在你可以获得许多决策软件。许多软件都使用电子数据表格、决策树、影响图以及其他先进的工具。查看相关软件名录，请登录以下网址：http://faculty. fuqua. duke. edu/daweb/dasw. htm，该网址由杜克大学的富卡（Fuqua）商学院主办，由决策分析协会提供信息。

不确定因素的问题

在进行方案评估时，你会发现，与其他方案相比，某些方案具有更多的不确定因素。例如，方案丙相比方案丁，可能会为公司带来更高的回报。然而，方案丙的回报却来源于假设以及成本估算这些可能无法实现的结果，而方案丁的回报却是肯定的。

商业活动中，结果的不确定性与风险是同义词。因此，在评估方案时，必须考虑不确定性因素。在前面讨论可能性时，对这一问题已经作过简要说明。但是，还有许多不确定因素必须加以考虑。这些不确定因素很多，因此，我们需要另辟章节单独对这一问题进

发现每个方案的价值所在

行讨论。

如果拥有一套系统的方法和缜密的工具,方案评估就会更见成效(见"方案评估小贴士")。如果能够根据公司的实际情况,利用本书中所提到的分析工具,在决策时,你会处于更加主动的位置。然而,评估方案时,你必须制定目标,并以目标为中心。

方案评估小贴士

● 请决策组中最受人尊敬、最客观的人扮作持反对意见者。他们的职责是找出反对大多数人都青睐的方案。请他们详述不能采纳该方案的原因。

● 尽可能了解并讨论少数派意见。尽量邀请一个以上的可能持反对意见的人士参与决策。与许多人一起呼吁相比,一个人反对大多数人的意见往往起不到作用。一个孤独的持反对意见者可能不愿意当众发表自己的观点。

小　　结

● 评估方案的目的是评估每个方案对于实施最初设定的目标的作用。

● 面临战略性及资本预算等重大决策时,应从财务价值方面认真考查每个方案。净现值是一个重要方法。

● 净现值等于未来一个或多个现金流的总和减去任何一项初始投资成本。

 ● 优先矩阵为衡量每个方案对实现目标的作用提供了一种方法。绘制优先矩阵首先需要列举出每个目标,然后为其加权或价值。而后按实现目标的作用为每个方案打分,分值在 1—10 之间。经过相乘、相加等计算过程,得出每个方案的最终分数,获得最高分的方案即为实现公司优先目标的最佳方案。

 ● 权衡比较表是一种对每个方案的优点进行比较的方法。

 ● 决策树是直观反映方案的实施过程以及其可能出现的结果的方法。通过预计财务结果的可能性分析,对于这些结果的价值进行量化。

 ● 专业软件已被开发出来,用以帮助决策者收集信息,并对信息和数据进行归类、计算。

发现每个方案的价值所在

策 -

哈佛商务指南

决策

6 作出决策

6 作出决策

——达成共识

本章关键话题

● 如何利用三种技巧促使小组作出决策

● 过早或过迟决策的危险

● 决策实施的第一步

第5章概括了几种评估备选方案的方法。这些方法有助于对支持或反对每种选择的理由进行权衡比较。然而,这些方法并不能够确定该采取哪些决策,因为决策小组成员对于评估结果可能持有不同意见。另外,在评估过程中,那些主观的、定性的问题均未得以解决。因此,还有可能出现有价值的、具有颠覆性的意见或观点。

决策小组必须带着这些评估及这些不同观点,继续进行下一步骤:作出决策。本章将教给你三种方法,帮助你面对艰难决策。本章不仅讨论作决策,还将讨论管理层传达决策以及邀请决策实施人时所必须遵循的步骤。

三种决策方法

根据决策过程,决策小组应在决策目标及所面临的问题的重要性上达成共识,不应该存在隐蔽的或只关心个人利益的问题。所有相关事实、不确定因素以及问题都应该公开摆在桌面上。只有这样,决策组成员才能客观地考虑每个方案,作出相应评估。像睿智的法官一样,决策组成员必须认真仔细地筛查论据,权衡利弊,作出决策。

然而,这绝非易事。这些人可能会固守某种方案。有些人可能会难以权衡各种方案的优缺点。可能还有许多人反对最根本的观点。除此之外,尚未解决的不确定因素注定也会困扰着决策者。幸运的是,有些方法能够帮助决策者克服这些困难。这些方法即接球法、论据对位法及思维监督法。本节将详细阐述这三种方法。

接球法

接球法是在过去的几十年间产生于日本的诸多管理方法之一。这是一种跨越职能的方法,目的是达成两种结果:完善思想以及鼓励决策参与者参与讨论。[1]

接球法如下:一个最初的想法被"抛给"合作者考虑,如图 6—1

达 成 共 识

所示。这个想法可以是一个新的市场营销战略、一种新产品，或者是一种改善工作流程的方法。"接住"这个球的同事有责任研究和了解这一想法，并加以改善。

　　假设这个想法是对一个新的个人电脑存储系统的系列产品进行市场测试。"接住"这个计划的人要花费时间了解这项计划，并对其加以完善。然后，再将修改后的计划抛回给团队，由另外一名同事接住，并进行进一步改善。这样循环往复，经过一轮不断改善，直到大家都感到满意，认为无需再进行实质性的改进为止。团队成员在参与的过程中，逐渐会产生一种责任共担、为这一计划奉献的意识，这种主人翁的意识对于决策实施大有裨益。

图 6－1　接球法

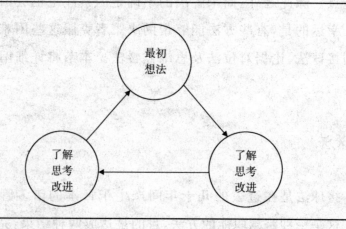

　　面对一项艰难决策时，也可以采用同样的方法。比如，考虑一下，决策小组如何利用接球法来选择保留公司车队的最佳方案。

该公司面临这样一个决策:是延续现有的租赁合约,还是另选一家汽车租赁公司,或者公司自购汽车。

在考虑过所有因素之后,海伦(Helen)比较倾向选择与现在的汽车租赁公司(LeaseCo.)续约(该例子中的名字均为虚构)。她说:"终止与现在的租赁公司的合约,而与联合汽车租赁公司(Consolidated Motors)有许多优点。联合汽车租赁公司的租期比较有优势,但是我们不能确保该公司的汽车保养质量。尽管他们的合同期长,而且他们也作出了口头承诺。我一直在想,有一句老话说得好,'未知更可怕。'这也是我倾向于与现在的公司续约的原因。"

卡尔(Karl)接着这个问题说道:"不错,这里存在着不确定因素。"他对此表示同意。"但是,除非我们与联合汽车公司真正合作,否则我们无从知晓该公司的好坏。但我也不同意眼睁睁地让每年可以节约的45,000美元从我们的手指缝中溜走。"卡尔请求决策组延迟一周再作决策。在此期间,他作了很大努力去排除评价联合汽车公司表现中的不确定因素。当天下午,卡尔派下属开始了调查。他对下属说,"请找出从联合汽车公司租赁汽车的10或12家公司。然后,电话联系那些公司负责租赁业务的人。"而后,卡尔递给下属一张纸,上面有五个问题。这些问题都是关于顾客满意度以及联合汽车公司表现的问题。"我希望下周尽早了解这些信息。"

在决策组的第二次会议上,卡尔汇报了他的调查结果,大家都非常满意,这种减少不确定因素的方法,使决策变得更加

容易。

接球法的优点之一就是,每个"接球手"都有责任采取行动,目的是作出更佳决策。在上面的案例中,卡尔通过预先获得未知信息的方法做到了这一点。这种信息为决策组清除了一个重要的不确定因素来源。

论据对位法

论据对位法同样是本着改善提高方案的宗旨,但是这种方法涉及到两个团队。以下是这种方法的实施步骤:

1. 把决策小组分为两个人数相等的小组:甲组和乙组。要确保每组都要包括持反对意见的人。

2. 甲组提出一项决策。这项决策以书面形式提交,其中应包括决策建议、主要观点以及论据。

3. 甲组在会上向乙组提交决策提案。

4. 乙组确定一项或多项行动方案,明确本组主要观点并提交论据。

5. 乙组在第二次会议上向甲组表明本组观点。

6. 第三次会议时,两组就两个提案进行辩论,找出相同观点。在此基础上,两组继续讨论出不同备选方案。最终目标是全体就某一项提案达成一致意见。

这是确保收集所有观点及个人洞察力的最佳方法。请看下面的案例:

Gizmo 产品公司的财务部正处于异常激烈的讨论中,争论的焦点是今年该聘用哪一家会计师事务所审计该公司的账目(当然,该案例中的名字均为虚构)。一组人倾向于聘请一家国内著名会计师事务所,而另一组则倾向请当地一家著名的、规模较小的会计师事务所。双方僵持不下,互不相让,无法达成大多数人都同意的决策。而公司的首席财务官也不愿意把自己的意愿强加给下属。他说:"我们需要作出大多数人同意的决策,这是公司做事的方式。"

利用对位法,决策小组被一分为二,每组都包括持反对意见者。一组提出一个决策建议,供另一组考虑;然后再交给第一组评估改进,最终,所作出的决策反映的是所有决策参与者的意见,而且大家都表示接受这项决策。

乍一看,有人可能会认为这两组会相持不下,因为这个部门是一个整体。但是,因为每组都包括持反对意见者。而且小团体似乎存在着一种神奇的化学反应,通常能够达成共识,而这种情况在规模较大的团队中却很少发生。

思维监督法

与论据对位法相似,思维监督的方法也是首先把决策小组一分为二。但是这种方法要求一组利用对方小组的方法对某项方案进行批评改进,而不是要求每一组提出各自的反对提案。

以下是思维监督法的具体步骤:

1. 把决策小组分为两个人数相等的小组:甲组和乙组。要确保每组都要包括持反对意见的人。

2. 甲组提交一项书面提案等待决策,其中应包括决策建议、主要观点以及论据。

3. 甲组在会上向乙组提交决策提案。

4. 乙组针对甲组的观点提出详细的书面评论。

5. 乙组在第二次会议上把评论过的提案交给甲组。

6. 甲组根据乙组反馈对提案进行修改。

7. 甲组在第三次会议上把修改过的提案交给乙组。

8. 后面的会议以两组不断进行评论及修改的形式进行,直到双方达成一致。

以下是实际运用思维监督法的案例:

一家办公家具生产商亟待提高其产品质量,两个小组被委派利用思维监督法解决这一问题。第一组认为公司产品质量源于生产设备陈旧,并建议投资购买电脑控制的设备。该组准备了一份书面报告,陈述生产设备陈旧是导致产品质量问题的原因,其中包括对一项数额达 200 万美元的投资成本效益分析,并表明这才是解决问题的关键所在。第二组成员对于第一组同事的观点提出异议,同时也包括了对 200 万美元成本估算的异议。他们把本组的意见以书面形式呈交给第一组。第一组随后进行修改,而后两组重复着这种修改——批评——修改的循环,直到得出双方都认可的提高产品质量的方案。

消除分歧、达成一致的其他方法

尽管接球法、论据对位法及思维监督法都很奏效,但是都无法保证决策组能够就一项决策达成共识。如果决策小组领导把两组的关注点始终集中在双方的共同目标上,并且坚持以客观的态度对待每一项提案,那么,决策就触手可及了。如果无法做到这一点,下面这些方法可能会有所帮助:

- ● 重新审查评估以前的观点。
- ● 回到最初设定的目标,确保目标与计划所作的决策相关联。
- ● 设定最后期限。比如,"无论还存在多少不确定因素,一定要在下星期二作出决策。"而不幸的是,有些人根本没有最后期限,总是无休无止地争论。
- ● 事先达成共识:如果无法消除分歧,就由上司决定或服从大多数人的意见。某些故意拖延的人如果意识到可能会被剥夺决策权,就会改变他们拖延的行为。

停止反复思考

要想知道何时该停止思考通常很难。如果决策过早,可能无

达成共识

法探求每种可行性方案。如果感觉到决策团队正匆忙作出决策，最好放慢速度，可以考虑暂时休会，延迟决策，并要求每位决策参与者努力寻找即将决策的问题中的漏洞，并在下次会议中提出来。

与决策过早相对的是决策过迟。这同样也是一个问题。决策过迟，会浪费宝贵的时间，而且有可能错过本应抓住的机会。如果坚持在倾听每个观点、解决每个问题、对最后一点信息穷追不舍之后，才肯作出决策，决策小组会陷入一个无休无止的、令人身心疲惫的怪圈。如果发现团队在绕圈子，身为经理，你有责任结束这种情况。这就需要设定决策最后期限，利用当时能够获得的最有价值的信息作出决策。

决 策 之 后

一项决策，尤其是重大决策，只是一个里程碑，而非路的尽头。作出决策之后，还需要把它付之于行动。决策实施已经超越了这套指南系列丛书所讨论的范围，而决策实施的第一步——传达决策，仍然在本书讨论的范围之内。传达决策的方式在某种程度上会决定决策实施的成功与否。传达决策时，要考虑到他人的观点，向他们解释这样决策的原因，表明决策后对他们的期望，向所有应该知道这项决策的人传达这项决策。

表示关心

　　如果真诚地鼓励决策参与者质疑并讨论他们所持的各种观点，可能使他们认为，他们的观点会得到认真考虑，尤其是决策领导者通过其行动表示关注时——比如，记笔记、用自己的话解释他人曾说过的话都表明他积极主动地倾听不同观点——更是如此。即使决策参与者的观点未能赢得大多数人的同意，他们也知道其观点已经得到认真考虑，这也会使他们信任决策的过程，接受决策的结果。

　　但遗憾的是，有些经理试图简化他们这方面的职责，在考虑他人观点时，给人一种错觉，使他人认为他们的观点是决策中重要的因素，请看下面的案例：

　　　　莱斯特（Lester）每周都召集员工会议，讨论共同关心的问题，并对下一步工作作出决策。会议由他主持，有四位下属参加。会议持续时间并不长，然而，他的下属却发现，莱斯特的观点总是占上风。莱斯特会恳请大家说出各自的观点，而下属们也会详尽地阐述自己的观点。但是，最终。却是莱斯特作出所有决策，而且经常自行其是。莱斯特的一位下属对其他同事抱怨说："这种虚伪的行为有什么意义呢？他为什么不收起他的虚情假意，干脆直接告诉我们他的决定呢？"

　　不要学莱斯特。如果你邀请他人参与决策，这种邀请必须是真诚的。如果你虚情假意,必将失去尊重与合作,而你属下的最佳员工也会离你而去,投向更广阔的天地。

解释决策

一定要解释作出某种决策背后的原因。明确解释选择某个方案而非其他方案的原因至关重要。这种解释能够建立起对于领导层意图的信任,能够建立起员工的信心,使员工相信这一决策是为公司整体利益着想。如果不作任何解释,员工则会产生这样的疑问:"她为什么不考虑我的意见呢?"

确定决策后的工作要求

作出决策之后,每个受到这项决策影响的人都必须了解这项决策以及目标。必须明确每个人新的职责,比如,规定业绩指标以及对于未达标者的处罚。员工了解了这些要求之后,才能够专注做好自己分内的工作。

通知相关人员

通知所有决策实施者以及这项决策涉及的相关人员。名单上要包括主要的利益相关者:本部门中未参与决策的员工,还有高层管理者、部门主管、外部涉众,甚至是客户,尤其是如果这项决策会改变公司与他们业务往来的方式时,一定要通知这些客户。

你向以上人士传达决策时应包括以下信息:

● **阐明需要解决的问题。** "我们的奖金制度无法有效地奖励业绩良好的员工、惩罚业绩不良的员工。业绩突出的员工的奖金并不比业绩低下的员工高多少。"

● **描述决策目标或标准。** "我们首先确定了明确的目标,即重新制定奖金制度,目的是奖励真正作出贡献的员工。"

● **汇报决策参与者的名单及其职责以及邀请这些人员的原因。** "我们的决策小组包括对于该问题有着深入了解的人士,他们是:公司福利与薪酬部门经理沙伦·亨德森(Sharon Henderson),公司首席运营官斯坦·哈洛维(Stan Halloway)……"

● **总结考虑过的备选方案(也可以用图表的形式总结分析结果)。** "经过一个阶段与运营最佳的竞争对手的比较,我们确定了以上这三种方案……"

● **阐明最终决策以及决策对于关键利益相关者的意义。** "因为我们的目标是依照贡献大小制定奖金数额,所以,我们认为方案乙为最佳方案。沙伦将会向您解释奖金制度的具体方案及其对各位的意义。"

● **报告决策实施计划及时间表。** "任何有资格享受奖金计划的人都会收到一本小册子,其中会详细解释奖金的分配方式以及如何与业绩评定制度挂钩。新的奖金制度将从下一个季度起生效。"

● **认可决策参与者。** "这项新的计划是多人深思熟虑以及辛勤工作的成果。对于他们的贡献,Gizmo 公司的每位员工都非

常感谢。"

● **诚心征求反馈意见。** "我们认识到这一点,那就是没有哪一个奖金制度是完美无缺的,这个制度也是如此。而且,随着它的实施,其缺点会一一呈现。因此,欢迎大家给我们反馈意见,这个决策对你们影响深远。如果你们有能够实现我们的目标的更好方法,请告诉我,告诉沙伦,或者你们的上司。在这个公司中,你们的意见最重要。"

一定要花费一些时间去构思一篇传达决策信息的简洁明了的讲话。如果决策阐述不明、信息残缺,会令人感到困惑、失望,而且不愿意支持决策实施。

作出决策之后,决策小组的某些成员不得不放弃自己青睐的方案。但是,如果他们认为决策过程是公正的,则不成问题。大量事实证明,如果大家公认该决策过程是公正的,就可以化解反对意见,确立决策的合法性,并为赢得广泛支持铺平道路。如果想了解更多有关这方面的信息,请参考"促进公平公正的决策过程的建议。"一文。

促进公平公正的决策过程的建议

以下这些做法能够确保决策过程的公平,可以确保大家认可这种公平。

● 认真倾听持不同意见者阐述他们的观点,不要打断他们,否则,别人会认为你的决策只是走过场。

● 和决策组其他成员进行目光接触,并点头示意你在倾听他们的谈话。

- 　　自己记笔记或请他人代为记录，这表明你对每个人的意见都很重视和尊重——并且他们的意见也是决策记录的一部分。
- 　　最初必须明确一点：尽管不是所有决策组成员的建议都会被采纳，但是，这些建议会得到认真公正的考虑。
- 　　有的放矢地提出问题，从而促进了解，鼓励讨论，激发新的想法。
- 　　在发问或引导话题时，要重申每个人的观点的主题思想，比如，"你谈的这点很重要。该服务商的口碑确实不错，其他人也这么看吗？有人发现关于甲服务商的提案中有什么问题吗？"
- 　　如果你负责作出最终决策（而不是需要所有人达成一致或进行投票表决），必须要使决策组成员了解他们的观点对于最终决策的影响，或者需要阐明你的选择有别于他们观点的原因。

　　现在，我们已经讨论完了整个决策过程的五个步骤：营造成功决策的环境、正确认识问题、制定备选方案、评估备选方案以及作出决策。这个决策过程适用于所有类型的决策。在后面的章节中，会再回顾讨论某些步骤，详细讨论决策者所面临的更为棘手的问题，首先讨论的就是不确定因素的问题。

小　　结

- 　　接球法是完善想法、鼓励决策者相互讨论的一种方法。"接住"某个想法的人有责任了解、认识该想法，并进行改善，然后，再传给小组中的其他同事。
- 　　论据对位法在相互完善这个原则方面与接球法相同，但

达成共识

区别在于,这种方法涉及到两个小组。每个小组都要提交各自的提案。

● 思维监督法,与论据对位法相似,要求把决策组一分为二,但不是让每个小组都提交各自的提案,而是让一个小组用另一小组的方法去评判和改善提案。

● 注意避免过早或过迟决策。决策过早可能无法探求更多更好的方案;而决策过迟会浪费时间,可能会使决策组错过转瞬即逝的机遇。

● 作出决策之后必须着手实施决策。实施决策的第一步是传达决策。在向他人传达决策时,要表现出对于他人观点的关注,并要向他们解释所作决策背后的思考。明确决策之后的工作要求,通知所有应该知道这个决策的人。

● 如果决策所涉及的人认为决策过程是公平公正的,实施决策时会更成功。

决策

7 不确定因素

7 不确定因素
——如何处理未知的问题

本章关键话题

● 处理决策中不确定因素的三个步骤

● 处理不确定因素的商业技巧

● 如何以及何时凭借直觉

*如*果你无异于大多数人，那么，不确定因素，即风险，就是阻碍作出正确决策——或者说作决策——的主要障碍。每作一项决策都要经过一条云雾弥漫、充满未知的旅程，因为决策关乎未来，而未来则是一部尚未写出的故事，因为无任何事实可写。

大多数人凭借对过去的认识预测未来。我们对历史的认识可以帮助我们了解我们的现在、过去以及我们曾走过的轨迹。而过去和现在除了给我们一些对未来的暗示外，别无他用。正如英国诗人柯勒律治（Coleridge）所言："历史是船头的一盏灯，只能照亮曾经走过的航程。"它只能为前面的航程提供一点点昏暗的光。

请认真思考下面这些有关决策中不确定因素的案例：

不错,我们可以提高价格,但客户会作何反应呢?

是该订 1,000 还是 5,000 的货呢? 大订单可得到更多的折扣,那么,每个货品就会节省一些成本,这毫无疑问。但是我不能确定,如果不降价,能否销售出去 5,000 个。

我们很欣赏这份战略性计划。这份计划完美无缺,会使公司与众不同,客户对此也会表示欣赏。然而,我们的竞争对手也不愚蠢,他们不会坐视不管,任由我们赶超。谁能知道竞争对手会采取何种方法来反击我们的新战略? 也许他们已经开始行动了,而我们却全然不知。

考虑到现行的汇率,我应该购买一份 10 年期、10 万美元的美国债券。与去年相比,我的欧元可以在美国购买更多的债券。但是如果美元对欧元持续疲软,那么,我的利息收入的购买力在欧洲会随之下降。谁能告诉我明年、5 年或者 10 年后的汇率是多少?

本章针对不确定因素这个棘手问题,提出了解决这个问题的三个步骤:

步骤 1:确定不确定因素的所在。

步骤 2:确定最能影响决策的不确定因素。

步骤 3:在时间以及资源允许的情况下,降低主要的不确定因素。

这三个步骤不能完全解决不确定性问题,但是能够帮助缩小其影响范围,增加作出英明决策的可能性。

最后,谈到直觉的问题。在面临不确定因素时,或者看起来确凿无误的事实摆在你面前时,你的"直觉"会告诉你什么? 你是否曾自言自语道:"这些数字看起来很有说服力,但是我就是感觉到有些不对劲?"本章将会探讨这个棘手的问题,并且以一个案例作为本章结尾,该案例会告诉你如何把你的直觉和经验结合一起。

但首先,先来讨论一下处理不确定因素的三个步骤。

步骤1:确定不确定因素的所在

很难想象,在作一项重大决策之前,你拥有评估备选方案及作出最优选择所需的所有信息。你甚至想都不敢想。总有一两个方面存在不确定因素。以下就是一些例子:

- 未来客户的喜好
- 新技术的影响
- 竞争对手的反击行动
- 公司的技术研发获得成功
- 在需要资金时,获得资金的难易程度

在即将作出决策时,哪些方面具有不确定性呢?

最理想的锁定不确定因素的时机是在决策过程中的评估阶段。过早地处理未知情况会阻碍决策人员提供具有创造性的方案。典型的回答可能是:"算了吧,这个有太多不确定因素,高层不会同意的。"

在评估阶段,需要系统地确定并列举出每一项备选方案中的不确定因素。类似表7—1的矩阵描述的是一种新型消费品的几种备选方案。这个矩阵有助于把所有不确定因素系统地呈现在一张表中。

矩阵中所列举的不确定因素都来源于经验丰富的人士的经验：销售代表、生产经理以及那些对该问题有着深刻见解的人士。试着绘制一个类似的矩阵，列举出你正在评估的备选方案。同时，也要考虑请教那些可能会帮助你列举出所有不确定因素的人。

进行区间估计

请注意，表7—1中，每一类不确定因素都用一个范围来表示。这里并没有用点估算来表示，因为点估算常常是错误的。更糟糕的是，点估算在不具备确定因素时，给人一种确定的感觉。决策者所需的是每种不确定因素可能导致的后果的范围，这需要由经验丰富、知识渊博的人士来决定。

"谁能估算一下方案甲的生产成本？"CEO问道。

"我们不能肯定，"决策组中的生产部代表玛格丽特（Margaret）回答道，"只有样机生产出来后，我们才能得到所有具体的数据。"

"在这个阶段，我还不需要具体的数字。"CEO继续说道："但是，根据你们现在所掌握的信息，成本可能是多少呢？"

"据估算，每单位生产成本大约为6—7欧元。"

如何处理未知的问题

表 7-1 列举不确定因素

风险	方案甲	方案乙	方案丙
第 1 年单位销售量	35,000—75,000	40,000—70,000	70,000—80,000
单位销售净收入	$15—$20	$15—$20	$12—$15
单位生产成本	$6—$6.50	$5—$8	$5—$6
投放市场的时间	8—12 个月	10—12 个月	4—6 个月

为了显示区间估计与点估计相比的优越性，可以考虑利用统计类比的方法：偏离平均值。平均值是一种点数据，但是关于得出平均值的数据集合的信息却是有限的。以每天早上乘坐 8 点钟从街角出发的公共汽车的人为例。如果你想了解这些人的某些信息，可以称每个乘客的体重，把每个人的体重相加，然后再除以乘客的数量，就可以得出那些乘客的平均体重——为一个点数据。假设乘客平均体重为 160 磅。但是从单纯这一个数据，无法反映出你所需要的乘客的体重。所有的乘客的体重都可能在160 磅左右，比如在 150 磅到 170 磅之间。或者有许多乘客体重低于 110 磅，同时又有许多人的体重为 250 磅或者更重。任何一种情况下，他们的平均值都是 160 磅。如果你是一个决策者，这个数字可以提供你所需的乘客信息，也可能无法提供所需的相关信息。实际上，很有可能，没有哪一个乘客的体重是 160 磅。而相反，知道每个乘客的体重范围，能够让你更好地了解乘客的体重信息。

你的决策小组在评估备选方案时，是寻求结果的点估计还是区间估计呢？只要认识到，点估计常常都是错误的，就是预防作出错误决策的最有效的方法之一。

确定概率

在某些情况下，区间估计也无法起到作用。相反，这样或那样的情况可能会发生，也可能不会发生。例如，一种新产品开发成功与否可能要取决于是否能成功试验出新产品的样品——不是成功就是失败。

在讨论决策树时，已经谈到过可能性的问题。让我们再回顾一下决策树，对这一概念进行进一步探讨。请看图 7－1 中的决策树。这里经理所面临的是一串可能发生的后果，每种后果都有其概率估计。在第一个决策中，经理们必须选择是继续开发新产品还是放弃该计划。如果选择继续开发，会产生怎样的结果？答案就是产品雏形或者失败或者成功。根据技术人员集体的判断，成功的概率在 60％。在完成这一估计之后，产品开发继续进行，目标是生产出能够投入市场的产品。他们估计发生这种情况的概率仅有 20％。

现在，如果把这两种概率相乘，即得出向市场投入产品的总概率：

60％的成功开发出产品雏形概率×20％的开发具有市场价值的产品的概率＝12％

图 7－1　概率为累积概率

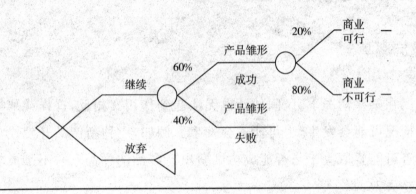

步骤 2：确定最能影响决策的不确定因素

　　无需多言，某些不确定因素会对决策产生相对较大的影响。如果未来没有按照预期的情况发展，某种不确定因素可能仅仅会降低利润。而另外一种不确定因素可能会让你损失几百万美元。决策者的职责就是理清每项决策可能产生的后果及其潜在的影响。

　　在表 7－1 中，最大的不确定因素是第一年预计的销售量。方案甲在这一点上尤其具有风险。而另一方面，方案甲的生产成本预计区间较小。在这个例子中，无论实际发生的生产成本是高还是低——6 美元或 6.5 美元——对于利润的影响均较小。

　　结果似乎显而易见，那是因为我们用来说明这个问题的例子也很简单。但是在现实生活中,某些不确定因素对于决策结果的影响并不十分明显。在那些案例中,决策者很可能会犯这样的错误,即对于不重要的不确定因素穷追不舍,而忽视了那些可能会产生严重后果的因素。

利用该案例中的数据的方法之一就是把最低的预计单位销售量与其相应的预计净收入相乘。然后,同样把预计的最高单位销售量与高的单位收入数字相乘。最后得出每个方案的由最好情况到最差情况的净收入区间,如表7-2所示。

表 7-2　影响收入的区间

区间	方案甲	方案乙	方案丙
低	35,000 单位×15 美元/单位 =0.525 百万美元	40,000 单位×15 美元/单位 =0.6 百万美元	70,000 单位×12 美元/单位 =0.84 百万美元
高	75,000 单位×20 美元/单位 =1.5 百万美元	70,000 单位×20 美元/单位 =1.4 百万美元	80,000 单位×15 美元/单位 =1.2 百万美元
预计收入（百万美元）	0.525-1.5	0.6-1.4	0.84-1.2

以上信息清晰地展示出了正在考虑之中的每个方案:方案甲包含一个最宽的收入空间,而方案丙的收入区间最小。

按照同一区间计算生产成本,可以进一步完善该表格。这样可以对每个方案的业绩效果进行进一步分析。

步骤 3:努力降低关键的不确定因素

一旦确定了最主要的不确定因素——那些真正具有破坏力的因素——你就处于主动地位,能够合理配置有限的时间及财务资源,以降低那些不确定因素。以下是一些公司采用的减少不确定因素的方法:

- 进行客户调查
- 在试点城市进行新产品的市场营销
- 访问重点客户群
- 直接观察客户使用产品的方式
- 进行电脑模拟

比如,麦当劳(McDonald's)拥有并运作着许多餐厅(大多数为特许加盟餐厅)。在它决定向大多数餐厅引进新菜单之前,会就顾客对新产品的接受程度进行测试。这种测试需要时间和成本,但是,却降低了公司决策时的风险。而有些公司采用一些非常成熟的方法,比如联合分析法(把客户对于产品特性的相关意见绘制成图)用以检测客户对于用一种性能交换另一种性能的意愿程度。这些方法可以为决策者在黑暗中的探索照亮方向。

许多决策中的不确定因素涉及到未来客户的喜好(他们需要什么?)以及需求程度(他们会要多少?)第一个问题对于决定产品及服务的开发至关重要;第二个问题会影响产品的生产量及库存

量的再确定。许多人试图通过市场调查的形式来清除这些不确定因素,而某些公司却已经找到了一些技巧来减少这些不确定因素:缩短时间间隔、采用订单式生产、降低风险以及进行阶段决策。

缩短时间间隔

20 世纪 90 年代初期,哈佛商学院进行的研究发现了日本与美国汽车制造商之间的一个重大差异:日本汽车制造商设计及生产新车模型的时间大约为两年,而同样的事情,美国的汽车制造商却要花费将近四年的时间。更为迅速的市场营销使日本汽车制造商具有某些优势。最明显的区别是他们收回新车的投资也较快。美国汽车制造商要花费四年的时间及资源之后,才开始赢利。但是,日本汽车制造商能够缩短入市时间的另外一个不太显著的优势就是不确定性较低。

日本汽车制造商面临的不确定性较低,原因在于他们只需要预测两年内客户的需求及偏好,而与四年相比,两年是一个合理的计划范围。而且,当一款新车摆在汽车代理商的展室里时,其新车的技术在两年内依然会保持领先。而福特(Ford)、通用汽车公司(General Motors)以及克莱斯勒(Chrysler)[现在为戴姆勒克莱斯勒(DaimlerChrysler)]却相反,不得不预计四年内顾客的需求——这是一项巨大而且更艰巨的任务。而且,当他们的新车上市时,他们采用的新车技术很可能已经过时,这些问题提高了生产新车的风险。

如何处理未知的问题

你的公司设计生产新产品的周期是多长呢？一年？三年？还是五年？无论多长，都可以通过缩短决策到实施的时间间隔，来减少不确定因素。正如我们的眼界随着我们的眼光从眼前投向远处会变得模糊，我们的计划范围随着时间的拉长会日益变得不确定。

也许没有哪个公司像 Zara 公司那样能够如此深刻地领悟到这一点并采取积极的行动。Zara 是西班牙一家非常成功的时装设计生产商。众所周知，时装的流行周期极其短暂——这是一个移动的目标——使得晚一步把时装推向市场的公司只能错失销售良机，造成产品积压。Zara 也遇到过同样的问题。但是，该公司开发出了一套智能客户系统，可以及时了解市场上的流行趋势，同时又开发了一个生产程序，能够使新的时装设计在两周之内——在最热的时尚冷却之前，投放到市场。这个系统降低了生产决策的风险。正如戴维·博韦特（David Bovet）和约瑟夫·玛莎（Joseph Martha）在其讲解供应链的《价值网》（*Value Nets*）一书中所写的那样："Zara 能够在两周之内把新设计的时装摆到商店里，降低了公司的库存量，把因供需不匹配所导致的库存积压降至最低。"[1]

采用订单式生产

受到需求的不确定性困扰的，不仅限于时装界的经理们。从家具建材到计算机行业都面临着同样的问题。降低不确定性的另一个方法是采用订单式生产的方法。采用这种方法，决策者无需像赌博一样去决定生产多少产品或者如何配置产品。这些决策在产品生产之前,由客户作出。

　　并非每个公司都能够采用这种订单式生产的方法,因为客户不愿意为了收到货品等上一个星期、一个月或者更长的时间。他们想要更快地收到货物。而那些能够进行订单式生产的公司,没有哪个能像戴尔(Dell)公司——世界最大的个人电脑制造商——那样成功,那样著名。戴尔公司的经理们无需为决定生产多少电脑以及电脑应具备哪些性能而费尽心思。每天都有客户为他们作出这些决策。只在有收到订单、了解具体配置之后,戴尔的供应链才开始运转。该供应链效率之高,使得戴尔能够在 10 天之内就可以把为客户量身配置的产品送到客户手上。相反,其竞争对手生产出的产品存在仓库中,经常是生产出来的产品不是客户所需要的,最终造成产品积压。况且,在个人电脑行业中,库存产品的价值以每天 2% 的速度在贬值。这些生产商同时也面临着产量过小的风险,这会导致客户在某个月份中有需求,结果却买不到产品,出现无货可售的情况。

　　你的公司有可能实现订单式生产吗? 如果可以,将极大地减少生产决策中的不确定因素。如果无法进行订单式生产,也可以采取一种折中的办法:先生产出产品,而后在收到订单后再进行细节加工。贝纳通(Bennetton)公司在服装业中普及了这种做法。例如,贝纳通采用未经染色的原材料生产毛衣。一旦了解到某个季节的流行颜色,迅速将库存的半成品染成流行颜色,再运到市场上销售,这样就缩短了收到市场信息与产品上市之间的时间,从而降低了生产市场上不流行颜色服装的风险。

如何处理未知的问题

降低风险

即使决策者缺乏足够的信息,也有可能降低风险。例如,一间制作音乐光盘的公司,只能大概估计第一年会收到的订单数量。每张 CD 的顾客需求水平都不尽相同。CD 发行前音乐商店的预售订单不过是一种需求指示,那个订单数再怎么靠谱都不可靠。但是,仍然需要有人就初始产量作出决策。

一种切实可行的、能够降低风险的方法就是生产出足以满足预售订单的销售量,额外再生产 6,000 或 8,000 张,然后作好准备,在销售量攀升时随时补充库存。这种方法可以降低两种风险:CD 产量过多(最后造成积压)以及产量过少(因库存不足而供不应求)。

许多其他决策也能够得用类似方法来降低风险。请看另外一个问题丛生的决策领域:员工招聘。失败的招聘决策使公司损失惨重——在迪斯尼公司鬼使神差地雇佣了迈克尔·奥维茨这一案例中,迪斯尼公司的损失高达 1.4 亿美元。仅仅是一位业绩不佳的中层经理就可以让雇主在离职金、招聘雇员以及业务失误方面损失 1 亿多美元。因为一位新职员的价值只有等到他上了工资单并且开始工作时,才能得以体现,许多公司都规定新职员的试用期为两到四个月,在试用期间,新职员的表现会受到定期监测。在此期间,无须进行重新评估、行为纠正以及支付离职成本等这些通常只有长期员工才能享受的待遇,即可辞退。

而有些公司还采取了其他降低风险的步骤：为临时职位招聘独立承包人。如果临时雇员表现出色，公司会聘用其为全职雇员。

进行阶段决策

风险资本家（VCs）在资助年轻企业时，承担了极大的风险。因为在现实中，很少有人在缺少确凿信息的情况下进行商业投资。大多数情况下，风险资本家得到的信息仅仅是商业计划和公司创始人以及管理团队的声誉。

这种情况具有很高的不确定性。但是，这些处在萌芽状态的企业却需要数以百万计的美元现金作为启动资金。风险资本家如何控制这种风险呢？多数情况下，他们通过一系列决策演练来决定是否投资。每项决策都按顺序排列好，都被看做一场试验，每一场演练都会为下一场项决策提供有价值的信息（见图 7-2）。例如，如果这个新企业需要 100 万美元的风险资金，风险资本家可能会提供 20 万左右的初始资金，而后制定一套标准，要求企业必须在规定的期限内达到这些标准。到了规定期限，公司的业务进展以及现状都会被重新评估，需要作出另外一个继续还是放弃的决策，又会涉及到另外一套标准以及注资。

这种阶段决策的方法对于任何从事新产品开发的人都应该不陌生。在新产品的开发中，广泛采用这种门径管理方式进行重新评估及注资。门径管理是 20 世纪 80 年代后期由罗伯特·库珀

（Robert Cooper）发展完善的。[2] 它是指开发阶段以及评估门径相互交替的一个体系,目标是尽早消除毫无价值的想法,尽快成为市场的赢家。这些阶段及门径贯穿和控制从最初的想法到商业化的全过程。

图7-2　阶段决策法

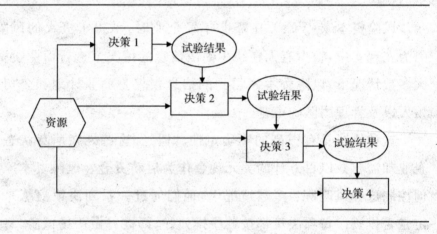

图7-3描述的是门径管理的一般流程。以下是其具体实践:

径　径指开发流程的不同阶段。例如,一个流程会经过产品开发的最初想法、技术规格、产品雏形等等。产品商业化是最后阶段。

门　门是指决策的检测点,具备专业知识以及有权进行资源配置的人士决定是放弃这项计划、打回去继续完善还是进入到下一个开发阶段。门设在不同阶段,以检验战略的正确与否,这项计划能否克服技术以及资金方面的阻碍,能否进行试验或启动等等。

图 7－3　门径方法

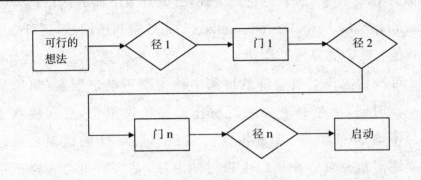

事实表明,这里介绍的两种阶段决策方法在降低在不确定情况下作出重大决策的风险方面很有价值。两种方法切实可行、简单明了:即采取谨慎步骤、评估所处阶段,以及在采取下一步骤之前收集更多信息。

未雨绸缪

精明的决策者会找出不确定因素,采取行动来尽可能地减少这些不确定因素。这位决策者还会做另外一件事:未雨绸缪。为最坏的结果作准备,首先要列举出决策中可能会出现的具体事情。表中的每一件事都会引发一个问题:"如果发生这种情况,我们该如何应对?"对这个问题的回答应采取紧急预案的形式,目的是减少损失,如果有可能,可以帮助公司走出谷底。

你和同事在讨论"十种可能发生的最坏情况"时,可以利用哈佛商务指南系列丛书网站上的一份简单易行的清单。在本书的附录 A 中也有收录，如果想免费下载，可以登录下面的网站：www. elearning. hbs. org/businesstools。如果登录到该网站，还可以下载其他有助于决策的工具。

可能你有许多机会降低决策中的主要不确定因素（风险）。用一点时间，回想一下你最近所作的一项决策中，存在哪些主要的不确定因素——那些本来可能最具破坏性的因素？通过收集更多信息或者采用以上讲过的方法，是否有机会去降低那些风险？如果你错过了这些机会，下次重大决策之前，一定要考虑这些方法。

何时要跟着直觉走

也许在未收集到相关性信息进行分析之前，就必须立即作出决策。你是否发现自己曾凭直觉作过决策？或者，曾经对自己说过，"所有的信息都堆在这里了，但是我对我们即将作出的选择却有一种不好的感觉。也许我们应该暂缓决策。"如果你曾有过类似经历，那么，你绝非例外，别人也同样遇到过类似的问题。研究表明，大约有 45% 的行政主管人员凭直觉而不是依靠事实管理企业。而且，有些还非常成功。请看一下这些案例：

● Sun 公司（Sun Microsystems）的创始人之一曾经看过由两名研究生开发的搜索引擎的展示。他当场投资 10 万美元，这就是后来的谷歌公司（Google）。

● 迈克尔·艾斯纳（Michael Eisner）了解到有人在为一档新的电视节目宣传，电视节目的栏目名称为《谁想成为百万富翁?》。直觉告诉他,这个节目收视率会很高,他承诺资助该节目。

● 1945 年第二次世界大战结束后,纽约股票交易所里许多股票的价格还远远低于 1929 年高峰时的价格,而且未来也极其暗淡。然而,约翰·坦普尔顿（John Templeton）却借钱购买了上市交易的所有股票,每只股票各买了几股。这次投资在随后的几年中为他赚取了丰厚的利润。

● 几十年以后,金融投资家乔治·索罗斯（George Soros）认为,货币市场正临近一资重大的转折。凭直觉他发了大财。

直觉（Intuition）,一种在没有事实信息或分析干预的情况下,对所面临的情况进行评估并形成决策的心理过程。直觉在不确定性最高以及最不明朗的情况下,对于作出复杂决策显得尤为重要。正如奥尔登 M. 林（Alden M. Hayashi）在 2001 年的《哈佛商业评论》(*Harvard Business Review*) 中告诉读者的:"有这样一种共识,那就是在组织中职位越高,越需要直觉。换而言之,直觉是区分男人和男孩的众多因素之一。"[3] 林说,他就这个问题采访过的许多主管,在谈到这一决策工具时,都使用了这样一些字眼,诸如"专业的判断"、"直觉"、"本能"、"内心的声音"以及"预感"。他认为,这种决策方式,与涉及到生产和财务等其他方面的决策相比,更适用于战略制定、人力资源管理以及产品开发等决策。

如何处理未知的问题

　　所谓直觉,是建立在记忆、模式识别、经验累积、条件反射以及长期形成的个人偏好的基础之上的。我们是否该相信直觉呢?诚然,我们了解了一些凭直觉进行决策的成功案例,就像上面的四个案例。这些案例成为了伟大的、令人难忘的精彩故事。甚至运气在成功决策中也发挥了一定的作用(见"在好莱坞捕捉时代精神")。但是,我们却极少听到失败的故事,因为当事人不喜欢谈论这方面的事情。事实上,决策领域的专家并不建议完全凭借直觉作决策。直觉太受制于人的主观性,很大程度上受到个人偏好以及牵强类比的影响。作为与林合作写书的作者之一,埃里克·博纳博(Eric Bonabeau)这样写道:"如果有人认为直觉可以替代理性,他就陷入到了一种危险的幻觉当中。离开缜密的分析,直觉就成为一个变化无常的、无法依靠的向导——很可能导致灾难,无法成功地作出决策。"[4]

　　博纳博、林以及其他曾经研究过这一课题的学者都认为,直觉只有与理性分析结合起来,才能助人一臂之力。换言之,存储着我们的直觉的右脑,必须与左脑合作,而左脑存储着逻辑与分析能力。华莱士及沃什伯恩公司(Wallace and Washburn)位于波士顿,是一家营销研究及顾问公司。该公司的主席金·华莱士(Jim Wallace)在多年前就认识到了这一点。2005年初,华莱士告诉我们说,"决策的关键在于,在逻辑上成立,并且感觉正确的时候,才能作出决策。大脑的左右半球必须达成一致。否则,就要延迟决策。要从多方渠道获得更多信息,直到这些信息从逻辑以及直觉的角度能够统一起来。这听起来很简单,事实上也确实很简单。采用这一决策方法,我从来没有作出过错误的决策。"[5]

不确定因素常常伴随着决策者,而且是商业风险中的来源之一。你永远也消灭不了它,但是可以了解它,采取措施减少它。然而,不确定因素绝非你所面临的唯一挑战。还有一些人为因素需要考虑,本书第8章将会讨论这个问题。

在好莱坞捕捉时代精神

某种程度上,决策者必须依赖自己的直觉。在电影业中,更是如此。电影公司的主管们必须要应对挑剔的观众、脾气古怪的票房明星、大腕儿级制片人以及几百万美元的制作成本。要了解观众对影片的反应只能依靠猜测——或者说任何人有根据的猜测。

谢里·兰辛(Sherry Lansing),派拉蒙电影集团的主席,成功创造了许多好莱坞轰动一时的大片,包括《勇敢的心》(Braveheart)、《阿甘正传》(Forrest Gump)、《泰坦尼克号》(Titantic)——历史上收入最高的影片之一。面对上百万美元的制作成本以及极高的不确定性,她的决策方法是什么呢?正如兰辛在2004年10月接受《时代》(Time)杂志采访时所说的,兰辛把项目负责人所掌握的相关数据、自己的直觉以及判断综合起来一起考虑。她说:"我解读所有市场调查的数据,以此为工具。但是电影是一门艺术。你还必须直视电影制片人以及主管的眼睛,要在他们眼中看到激情。"她也期盼运气。"几乎所有的行业都需要运气,电影行业更是如此。你必须能够迅速捕捉到时代精神,但时代精神变化很快。"[a]

---

a Jeffrey Ressner,"The Art of Betting ＄100",*Time*,October,2004,62—63.

小　结

● 如果决策中涉及到高度不确定性,采取以下三个步骤:(1) 锁定不确定因素;(2) 确定最能影响决策的不确定因素;(3) 在时间以及资源允许的情况下,削弱主要的不确定因素。

● 在估计未来不确定因素产生的后果时,要避免点估计。点估计是错误的,应该努力估计可能产生的结果范围。

● 在估计某一特定结果的可能性时,不要仅仅依赖自己的判断,还要征求经验最丰富、知识最渊博的资深人士的意见。

● 缩短时间间隔,进行订单式生产,采取降低风险的措施,并且要作出阶段性决策,以上是降低决策中的风险的四种方法。

● 直觉是指一种在没有事实信息或分析干预的情况下,对面临的情况进行评估并形成决策的心理过程。

● 直觉必须与理性分析结合起来,才能起到作用。

8 人类的缺点

8 人类的缺点

——如何遏制阻碍决策的因素

本章关键话题

● 如何避免定位陷阱

● 如何防止由过度自信导致的错误决策

● 为什么沉没成本不会影响对未来的决策

● 避免求证偏差

● 如何避免错误类比

在《星际旅行》(Star Trek) 这部电视连续剧中,斯波克(Spock),一个来自于瓦尔肯星球 (Vulcan) 的超级理性、毫无感情的外星人,经常对其人类同伴的行为感到困惑。在斯波克看来,柯克船长 (Kirk) 及其他船员似乎是由情感主宰的。与类似机器人的斯波克能够作出无懈可击的、符合逻辑的决策相反,这些登上"企业号"宇宙飞船的人类常常被恐惧、愤怒、自我怜悯、自豪感、自欺欺人、野心以及过度自信所支配。斯波克一定感到困惑:人类是如何能够生存下来的呢。

前面的章节已经就如何作出符合逻辑、理性的决策流程作了阐述。斯波克肯定会对此大加赞赏。然而,在充满感情和缺点的人类手中,这个流程不过是一种工具罢了，正如汽车不过是可以加以利用的机械一样。但是，如果驾驶汽车的人鲁莽好斗或者心不在焉，那么，汽车的用处就会被削弱。同样，决策程序的可利用性可能被采用它的个人或团队颠覆。

本章将讲述一些决策陷阱：那些阻碍你作出理智决策的人类行为。这张陷阱清单不可能包揽所有的决策陷阱，但是却包括了那些最主要的。下次作决策时，一定要提防这些陷阱。

定位及调整

谈判专家把定位描述为一种技巧，使用这种技巧的目的是力求建立一个初始的立场或观点，而谈判将围绕这一立场来进行。在一般情况下，第一个在谈判桌上出价的人确立了一个心理定位点，而随后的谈判及讨价还价大体会围绕该价格进行。

例如，假设你把你房子标价 50 万美元出售。大多数感兴趣的买家都会据此价格作出回应。一个人说："我们出 47.5 万美元。"而另一位说："如果卖主把地下室的水管问题解决，我们可以出 47 万美元。"研究表明，谈判结果通常与最初的定位点有关。

约翰·哈蒙德第三（John Hammond III）、拉尔夫·基尼（Ralph Keeney）以及霍华德·雷法（Howard Raiffa）在其合著的名为《明智之选》（Smart Choices）一书中，描述了两个他们用来研究的问题，这两个问题被称为定位陷阱。请回答以下问题：

1. 土耳其的人口是否超过了 3,500 万？

如何遏制阻碍决策的因素

2. 你认为土耳其的人口是多少？

你是如何回答以上问题的？你对问题 2 的回答是否受到了问题 1 中数字的影响？这本书的作者们认为第一个问题的定位点对第二个问题产生了影响。他们在书中这样写道："我们在过去的几年当中，向许多人提出过以上两个问题。我们给一半的被测试者提的第一个问题中的数字为 3,500 万，而向另一半的被测试者提的问题 1 中的数字为 1 亿。果然不出所料，当第一个问题中的数字更大时问题 2 的答案数字也比问题 1 中的数字增加了好几百万。"[1]

在决策中也涉及到定位点，有时是故意设定的。例如，某个特定项目的倡导者提交的销售预测可能会倾向于支持他的计划：

展望我们的新产品前三年的市场前景，我们预计每年的净收入为：

2007 年：240 万美元

2008 年：350 万美元

2009 年：490 万美元

如果决策小组中的成员感觉到他们的同事的意图，就会对这些收入数字在定位讨论之前予以否定：

在现在这个阶段就预测销售额还为时过早。让我们谈谈目标市场以及竞争情况。

而不太精明的小组成员则会上钩，而且非常高兴地让同事把具体、量化的措施摆在桌面上。他们可能会对预测数据有争议，但是会根据初始的定位点进行调整。

在日常生活中,所有人都会对定位点有所回应,只是通常没有注意到。例如,当有人让我们制定一份部门支出预算时,初始定位点几乎总是以上一年的预算为基准。这是一个信手拈来的定位点。而且,如果要作调整,它也可以作为一个有效的基准线,尤其是当部门的人事以及职责没有改变的时候。否则,这很有可能成为一个定位陷阱。

解决定位及调整的方法

无论是有意还是无意,定位都会导致错误决策。以下是一些避免掉入定位陷阱的方法:

● 看到它就指出来。记住,某些人试图通过利用一套初始数字来掌控他人的思维。

● 防止自己被定位。在别人提出任何数字之前,仔细研究问题,形成自己的想法。这样可以使自己不易被他人的定位所左右。

● 就定位后面的原因进行提问。如果某人摆出一个数字,把它看做是假设。"你的这种估计从何而来呢?"是一个很好的问题。"你的计算根据是什么呢?"让他/她对其观点进行逻辑分析。

● 在寻求个人观点时,不要预先设立定位点。各种不同的观点为决策过程带来活力,因此在与同事及顾问交谈时,避免这样的话语:"我认为这个产品在成年男士市场上,每年可以售出两三

如何遏制阻碍决策的因素

万个。你认为呢?"要保持沉默,让他人谈论其想法。

过 度 自 信

对于自己在预测未来、评估风险、掌控局势以及预测他人行动方面的能力过度自信,是决策过程中最大、也是最常见的错误。正如丹·洛瓦罗(Dan Lovallo)和丹尼尔·卡恩曼(Daniel Kahne-man)告诉《哈佛商业评论》读者的,商界领导下意识地会夸大其个人能力以及管理技巧。他们的自信心驱使他们认为,他们能够控制各种情况的后果。因此,他们很有可能作出决策,而"这种决策是基于盲目乐观,而非理性的权衡利弊以及可能性。他们高估了利润却低估了成本……结果,经理们追求新方案,而这些新方案既无法按时也无法按预算实现——或者从来没有带来过预期的回报"。[2]

文森特·巴拉巴在1988年第一次到通用汽车公司上班时就发现了这一点。正当他准备对这位汽车巨头的决策程序进行改革时,那些乐观的销售及成本预测使他感到震惊,这些预测没有几个经过缜密的分析。[3]

行政主管这种过度自信以及乐观的倾向也许能够解释为什么尽管众所周知的事实表明,75%的并购都没有能够产生预期的效果,但是,每年仍然有数以千计的公司走上并购之路。这也解释了为什么尽管有许多令人心痛的引进新产品的记录,每年仍然有许多经理在投入生产新产品方面信心十足。

过度自信会让我们相信事情会如我们所愿，这又会促使我们忽视那些即将到来的麻烦的警示信号，正如下面这个具有告诫意义的故事所讲述的一样。

1942 年初，日本海军士气高涨。用一位历史学家的话来说，他们被自我吹嘘冲昏了头脑。为什么不呢？他们对于美军基地珍珠港的袭击完全超出了预期。随后针对菲律宾和印度尼西亚的地面和海上行动也是如此。

自信傲慢的日本海军，开始计划着下一次战略性行动：在阿留申群岛建立军事基地，夺取中途岛，并且还要把美军的残余部队引入到公海的埋伏圈内。作为计划的一部分，日军最高舰队将领及其部下进行了沙盘推演。其中一位与会者，空军司令渊田美津雄（Mitsuo Fuchida）后来称这次模拟的结果之所以完美无缺是因为当时负责指挥的军官有一种倾向，当出现不利于自己的情况时，就改变规则。"当时估计的情况是这样的，[我军的航空母舰]遭到敌方陆地基地的飞机的进攻，而我们自己的飞机却在执行袭击中途岛的任务。"渊田写道："根据预定规则去判定轰炸结果[骰子已经掷出，规则已经定妥]，敌方会对日军航空母舰发动九次轰炸，'赤城'（Akagi）号和'加贺'（Kaga）号两艘舰艇都被列为会被击沉没的军舰。而海军上将宇垣（Ugaki）却武断地把敌人袭击的次数降到了三次，最后结果为'加贺'号仍然在沉没之列，而'赤城'号却只是受到轻微的破坏……甚至这个修改过的规则也随后被取消了，'加贺'号又起死回生，重新投入了战斗。"[4]

五个星期后，这场模拟的战事在具有决定性意义的中途岛战役中上演了，在当天混乱的战事中，当时模拟的一种情景真的发生了：日军的航空母舰被敌机袭击，而他们的飞机不是正处在从执行中途岛任务的返回途中，就是正在甲板上加油。每个航母都被反复轰炸，正如模拟演习时所显示的那样。但是，这次没有指挥官可以颠覆这个结果。"赤城"号和"加贺"号及其他两艘航空母舰及其飞机和船员全部沉没了。

同样的过度自信也困扰着商业策划者及决策者。人们只需阅读那些如日中天的互联网经济的股票调查报告就可以了解，通常古板的、擅长逻辑思维的证券分析家的判断也被大家的过度自信和疯狂所蒙蔽了。"明星"分析家建议购买 eBay、Amazon. com、Priceline. com 及其他飙升的股票，这些专家似乎具备了赚大钱的本领。

他们的错误，我们也是事后才了解，就是利用他们自己的预测能力搅乱了牛市。股票的价格与其价值的严重不符，又加重了其错误。尽管传统的评估声音大声疾呼："这些股票价格虚高！"这些成竹在胸的分析家们则简单地通过编制新的价值标准，例如用"每个客户的市值"以及"每个网页浏览者的市值"来解释为什么这些证券的价值较高——而且依然有许多上涨的空间。那里，股票分析家们告诉那些批评者说，世界变了；老一套的衡量股票价值的标准已经不再适用了。

你可以回想一下，2000 年 1 月开始的股市狂泻是如何挫伤了那些股票权威的锐气的。并购的年报也发生了同样的故事。一个例证就是贵格燕麦公司（Quaker Oats Company）出价 20 亿美元收购 Snapple 饮料生产线，两年后仅剩 3 亿美元。管理层过度相信公司会提高 Snapple 的销售能力是这场昂贵代价的核心所在。

尽管自信及乐观是从事商业活动时值得推崇的优点，缺乏自信和乐观的精神，就无法领导和管理企业，但是大量证据表明，自信和乐观常常得不到事实的支撑。斯科特·普劳斯（Scott Plous）在其获奖的名为《判断与决策的心理学》（*The Psychology of Judgment and Decision Making*）一书中，描述了曾对 3,500 人所做过的测验，测验要求这些人（1）回答一些问题；（2）标出对每一个答案正确与否的信心。普劳斯认为，"信心实际上与人判断问题的准确性相关（每位测试者的信心及回答问题的准确性之间的相关性仅为[0.08]，非常接近于 0）。整体上来看，答对 9 个或 10 个问题的被测试者并未显示出比答对问题较少的被测试者更有信心，而那些信心十足的被测试者的得分与信心不足的被测试者相同。"[5] 而这种情况仅限于一次测验。普劳斯得出结论，大多数研究表明，"信心高低的平均水平高于问题回答的准确性，比例没有超出 10％到 20％。"[6] 因此，正常水平的自信心不会导致决策者偏离轨道太远。但是，如果自信心膨胀或过度倚仗过去的成功，则要引起警觉。

为过度自信降降温

那种毫无根基的信心是否已悄悄潜入你的计划及决策中？以

如何遏制阻碍决策的因素

下是一些自我检查的建议：

● 警惕极端自信。这是最危险的。如果发现任何一种信号，要停下来。邀请能够客观公正地提出质疑的人士，请他们参与检查。

● 与超级自信的决策者谈话。请他们解释如此自信的原因，对每一个假设、观点以及每一个论据都要认真核实。

● 请超级自信的决策者变换角色，扮演反对意见的支持者。

进行预测

过度自信以及盲目乐观最普遍的一个症状表现在决策者对于预测的认可度。乐观的经理常常热衷于开展各种项目，并且倾向认为这些项目会比以往类似项目所取得的成就要大。请认真考虑以下案例：

一家出版社拥有一批经验不足的新编辑。在编辑与未来的作者签约之前，必须要提供相关数字——即预测拟出版的这本书的利润。预测以一本书第一年通过批发及零售渠道销售的单位销售量为起点。比起其他因素——生产成本及其他类似因素，单位销售量最具不确定性，也是决定利润的关键因素。尽管如此，必须进行预测。

出版社的首席财务官，最近才调入社里，在此之前从事其他行业。他无从确认编辑们的预测是否合理。因此，他进行了一些调查，主要查看以前一些重要领域里已经出版的书籍的首年度单位销售量;而后把这些书的实际销量与预测加以比较。这种回查法让他有了惊人的发现:公司 84% 的已出版物从未达到过其首年度预测。例如,在金融题材的书中,编辑们只是按惯例,预计首年度的平均销售量为 7,000 本。而实际上,这类题材的书籍的平均销售量只有 4,500 本。

上面案例中这些盲目乐观的编辑们也同样认为他们的每一个项目都高于一般水平。这种行为并不鲜见。丹·洛瓦罗及丹尼尔·卡恩曼为解决这一问题提出了建议:参照组预测法（reference class forecasting）。这种方法要求预测者进行以下步骤:

1. 把以往且结果已知的类似项目作为参照组。

2. 确定项目结果在由高及低的范围内的分布。

3. 确定正在考虑之中的项目在分布图中的位置。[7]

通常这样得出的结果是一种更为现实的预测,因为你可以直观地看到你是否过高估计了结果。

上面的案例中,如果一位编辑想要利用参照组预测法估计一本有关人力资源管理方面的新书的首年度单位销售量,他会采取以下这种方法。首先,确定一个以往类似项目作为参照组——在这个案例中,这个参照组即为以前出版过的人力资源方面的书。然后通过参考这些销售数据确定这些书的预测结果分布。

选择参照组很重要,必须谨慎行事。假设这家出版社在过去的几年中已经出版了六种人力资源方面的书籍。每种的首年度单位销量由低及高依次排列为:

A. 3,800

B. 4,650

C. 6,100

D. 6,950

E. 8,200

F. 8,800

以上的范围由最低的 3,800 本到最高的 8,800 本。这一参照组的首年度单位销售量平均为 6,417 本,而平均值附近的分布比较正常——也就是说,没有一组太低的销售量,也没有一组过高的销售量。

最后,这位编辑会试图把他希望出版的那本人力资源的书的预计销售量放在一个比较合适的点上。一种简单的方法就是把参照组——6,417——作为预计销售量。而另外一种更为复杂的方法是根据新书的特别之处进行调整。比如,那位编辑可以说:"这本新书与 D 书有某些相似之处;两本书的目标读者相同,但这本书可以作为 D 书的补充。"而后,在预测其书销售量是低于还是高于 D 书时,她会考虑其他一些因素。"我认为,这本新书的销售量会高一些,因为该书作者比 D 书的作者更有名,而且他的顾问公司正计划雇用一个公关人员进行该书的宣传以及开展其他一些市场营销活动。因此,我预计该书的首年度发行量将达 8,000 册。"

显然,这仍然会有一些乐观的成分,因此,其他人可让这位编辑阐述其原因,为什么其新书的预计销售量会高于平均销售量。你可能已经注意到,采用参照组预测法是艺术及科学的综合。这种方法并非完美无缺,但仍然不失为处理不确定因素以及来自于某些人的天性乐观所导致的风险的一种有效方法。

沉 没 成 本

用经济学的语言来说,沉没成本(sunk costs)是指那些已经投入但却无法收回的时间或金钱。沉没成本是已经发生的投资,但是人们却常常犯下这样的错误,那就是让沉没成本影响未来的决策。请看下面的例子:

> 菲尔(Phil)花了 50 美元买了一张他最喜爱的蓝草乡村音乐乐队演唱会的票。演唱会开场前两个小时,上司打电话给他,告诉他董事会刚刚结束,他们要出去吃晚饭。老板说:"我希望你能和我们一起去。对你来说,是一个很好的机会,可以认识一下董事们,也可以借机让他们了解你。"

> "喔,和董事局的人会面!这将有助于我的职业发展。"但是,因为他的幼稚,他拒绝了老板的邀请,因为他花了 50 美元买了演唱会的票。他的理由?"因为我实在不愿意浪费那 50 美元。"

在上面的例子中,无论菲尔是否去看演唱会,50 美元都已经花出去了。但是,他却依然让这个沉没成本控制着另外一个决策,而这个决策显然会产生更高回报。

决策者经常犯这样的错误——通常是因为他们没有认识到,沉没成本无法收回,而更多时候是因为对于个人来说,要承受损失并且继续前进是痛苦的。为什么？因为继续前进说明最初决策的错误。这也就是一直为公司奋斗的主管为什么在市场营销计划失败时，虽然其他人都认为该计划需要修改，他却依然为此计划辩护的原因。主管争辩说："我们需要更多的时间来实现这一战略。"

沉没成本的错误也解释了许多经理在面对聘用决策失误时为什么迟迟不采取补救措施。他们已经雇用了某人，并且在其培训中有所投入，然而，虽然经过训练与指导，这个人仍然不能胜任这项工作。经理们不但不正视这项错误的聘用决策，反而会作出另外一项更糟糕的决策：投入更多的时间来训练这位员工，希望能够扭转这个局面。

接受本书采访的两位主管指出，失误的聘任决策是最难改正的。"对我而言，最难作出决策的是何时放弃并解雇一个人。"一位主管说。"我总是拖延很久才去做。""一般来说，我认为最难作的决策是何时应该当机立断。在这个问题上，我们总是拖得太久，总是希望情况会有所改善。"另外一位这样说。

纠正沉没成本的偏差

你的公司内存在沉没成本的问题吗？和大多数决策偏差一样，解决沉没成本的问题的最好方法是暴露它。不要让这个问题成为隐患。以下是具体方法：

● 帮助决策者确定影响其决策的沉没成本。

● 明确每个人都会犯错误，比如，聘用错误的人选、支持了错误的战略等等。这些都可以原谅。而无法原谅的是让一个错误导致另外一个错误。

● 如果可能,决策组中不要包含那些抱着沉没成本不放的人。

求 证 偏 差

你是否曾积极寻找支持自己观点的证据,而不愿意相信或根本不考虑相反的论据?如果有,不要感到尴尬,因为许多人都是如此。这是一种很自然的行为。

如果你对此心存疑虑,可以看看管理委员会在处理极具争议的事情时人们的表现。比如,一位营销部经理热衷于开拓新的销售市场,他会搜集所有能够支持其想法的数据,但是不会包括不这样做的理由。这样的偏差常常是存心故意的。我们采访过的一位经理告诉我们:"我以前的上司总是这样做。她总是认为自己比任何人都了解什么才是对公司最好的。而且她还要求我们收集支持她观点的数据。任何与其观点不符或矛盾的观点都是错的,就会被否决。"

哈蒙德、基尼和雷法把这称为求证偏差(confirming-evidence bias)。这种偏差,在他们看来,"不仅会影响到论据出处,还会影响到我们对所收到的证据的解释,导致我们过于关注那些正方信息,而忽视了反方信息。"[8]

不偏不倚

像对待其他偏差一样，纠正求证偏差最好的方法就是自我觉知。试着跳出自我，扪心自问，你收集信息及解读信息的方式是否是公正的。如果决策组中有人成为这种偏差的受害者——或者有人存心抱有这种偏差——你要担当起扮演持反对意见者的责任。例如，如果营销部经理拟开拓新的营销市场，你要竭尽你所能，收集所有能够反对这样做的信息。

邀请客观的数据采集员

如果你有足够的人力，请一位能力强、受人尊敬的员工——某位与决策毫无个人利益瓜葛的人士——去收集数据，并把所有相关事实告知管理层。把这些事实分为正反两种论据。

错 误 类 比

亲身经历是一种有效的学习方式。缺乏经验，就会失去目标。在结冰的人行道上跌倒过一两次，下次再走到这里的时候，就会变得小心谨慎了。经验会在工作和决策中指引我们。在不同的情况下，我们学会如何认识事情的发展规律，并且把它们与特定的结果

——好的与坏的,相联系。湿滑的人行道,跌倒,感到痛苦。

　　贾尼丝(Janice)是一名产品经理,曾经两次采用折扣购物券的方式在食品店推销刚刚上市的什锦蛋糕。其他产品经理则是定期采用这种促销手段,并且效果良好。两次促销中,贾尼丝都期望销售量能增长 20％。但是,结果都令她很失望。销售量只增长了 5％—10％,刚刚能够弥补促销成本。这两次的经历降低了贾尼丝对于这种营销手段的热情,并且改变了她对这种方法的有效性的预期。

　　我们会带着这些规律及其结果,在遇到新的类似情况时,会定期把它们抬出来加以对比。如果新的情况中有两件或以上的事情与我们过去的经历相似,我们很可能会推定这些事情的其他方面也相似。因此,就形成了一种指导思维以及决策的类比。

　　在思维工具中,类比是一种能够被用来搭建连接过去的经历及现在的情况的桥梁。事实上,类比是直觉,或者预感的一部分,而许多经验丰富的经理们就是凭借直觉或预感来指导他们处理充满风险的局势的。如果审慎利用,类比的方法行之有效。正如历史学家约瑟夫·斯特雷耶(Joseph Strayer)曾经说过的:"在新的情况中,总有一些熟悉的因素能够对决策有所帮助,对于判断决策所产生的结果也是如此。经验越广泛、越丰富,识别这些熟悉的因素的可能性越大。"[9]

　　但是,除非我们小心谨慎,否则,类比会引导我们作出错误的、后果严重的决策。

　　商界人士很容易受错误类比的影响。再来看一下我们假设的营销部经理贾尼丝的例子：

在一家连锁超市做了三年产品经理以后，贾尼丝现在已成为一个品牌服装连锁商店的区域销售经理。该连锁集团的管理层在利用促销手段方面经验不足，但是仍然希望通过促销来挑起顾客对公司春季服装的兴趣。管理层自然向贾尼丝征求建议。

"我考虑利用地方报纸发放折扣券——比如说，每消费100美元可以享受10美元的折扣——这可能在秋季时装季开始的一两周内把顾客吸引到店里。"公司 CEO 海伦（Helen）说道。

贾尼丝又会想起了那次促销什锦蛋糕产品的失败经历。这两者似乎有些相似之处：利用折扣券来吸引顾客对于新产品的兴趣。不错，这次的卖点不是什锦蛋糕，她想，但是顾客就是顾客，很可能对此都会作出同样反应。她告诉 CEO 说："我并不赞成这种促销手段，我的经验是，这样虽然可以使销售量上升，但是大部分销售利润会用来弥补折扣带来的损失。"

避开错误类比

显然，我们都有进行类比的倾向，这能帮助我们在充满不确定因素的情况下作出决策。但是，这也能愚弄我们，正如类比可能误导了贾尼丝一样。那么，我们该如何避免错误的类比呢？

有关如何最大限度地利用类比的最佳建议可以在理查德·诺伊施塔特（Richard Neustadt）和欧内斯特·梅（Ernest May）合著的《历史的教训》（*Thinking in Time*：*The Uses of History for Decision Makers*）一书中找到。理查德·诺伊施塔特和欧内斯特·梅当时都是哈佛大学肯尼迪政治学院的教授。[10]诺伊施塔特和梅开发了一套方法，希望帮助肯尼迪政治学院的学生们——下一代政府和军事决策者们——避免作出错误的类比。他们的方法基于以下五个问题：

1. 有哪些情况是已知的？
2. 哪些情况还不能确定？
3. 哪些情况是假设的？
4. 与以往的事件有哪些类似之处？
5. 与以往的事件有哪些不同之处？

每个问题都应成为探寻及思索的基础。每个问题都应该认真予以回答。如果做到这些，就不易形成错误类比，也不易成为错误类比的受害者。

本章分析了决策过程涉及到的一些人类的缺点——并且是比较糟糕的情况。你是否也在你公司的决策中发现过这些缺点？认识到这些缺点是最好的解决办法。

但是，个人偏见和错误认识并不是对作出正确决策的唯一威胁。还有组织上的缺陷需要加以考虑，这就是第 9 章将要探讨的主要问题。

小　结

● 定位确定了最初的立场,随后的讨论和谈判通常都围绕这一立场而进行。在理想的环境中,第一个确定价格的人确立了一个心理定位点。

● 管理者经常会对自己预测未来、评估风险、控制局势以及预测他人行为的能力过于自信。这种过度自信经常会导致决策错误。解决决策者过度自信的一种方法就是让另外一个人挑战他的观点,提出反对意见。

● 参照组预测是解决错位的自信心的方法。这要求决策者采用一种方法,把他的项目与其他类似并已取得成果的项目进行对比。

● 沉没成本指无法收回的、已投入的时间和金钱。决策者应该防止沉没成本影响未来的决策。

● 求证偏差促使决策者寻求并依赖能够支持其观点的信息,并且忽略或反对不利证据。

● 在思维工具中,类比是一种能够被用来搭建连接过去经历及现在情况的桥梁。如果审慎利用,类比的方法行之有效。但是,错误的类比却会导致错误的决策。

决策

9 组织结构的陷阱

9 组织结构的陷阱
——群体的疯狂与智慧

本章关键话题

● 社会压力对于决策者的影响

● 团体盲思以及避免团体盲思的方法

● 过度乐观的问题

● 团队决策何时优于个人决策

1841 年,苏格兰人查尔斯·麦凯（Charles Mackay）出版了一本名为《非同寻常的大众幻想与群体癫狂》（*Extraordinary Popular Delusions and the Madness of Crowds*）的书。书中包含了一系列联系松散的历史片段,其中作者描写了本来头脑清醒的人们如何屈服于大众的狂热,失去了所有最起码的良好的判断力和常识。麦凯讲述的故事包括十字军东征、南海泡沫时期的土地大投机、17 世纪的"郁金香狂热"（荷兰人争先竞标购买郁金香球茎,使其价格高得离谱）、巫术狂热等等。每一个例证中,都是具有传染性的团队行为传播扩散,传染到了那些原本很是清醒的人们。

麦凯描写的是团体行为的最糟糕的情况。每个人通常会更加清醒、谨慎。然而,商业活动,包括决策,的确会

哈佛商务指南

受到团队的影响。本章将分析社会与团体影响例行决策过程并使之产生不良后果的几种方式。与第 8 章相同，本章同样会提供如何避免上述情况的可行性建议。

社 会 影 响

毫无疑问，一个团体中（包括决策团队、企业或公司）的个体必定要受到周围人的影响，甚至在最终决策时可能完全被忽略。正如心理学家斯科特·普洛斯（Scott Plous）曾说过的："因为人本身就是社会性的，他们的判断与决策注定要受到社会的影响。甚至决策者在独自决策时，也会校正其行为，使其行为符合他人的评价标准。因此，任何判断与决策的综合考虑必须包括社会因素。"[1]

有些决策者受到这样的需要所影响，比如：

- 取悦他人
- 避免冲突
- 避免与他人步调不一致
- 希望被团体接纳
- 避免作出不受欢迎的决策并因此受到批评

你和同事有多么容易受到这些影响？以上的任何一点是否影响过你的决策？

社会对于个人的影响力非常巨大，这一点可以通过所罗门·阿

群体的疯狂与智慧

施（Solomon Asch）在 1951 年所做的试验得以证明。阿施是社会心理学领域的开拓者，他召集大学生参与一个所谓的科学实验，这个实验的目的是测量视觉感知力。这位参加实验者与 7 个陌生人围坐在一张圆桌周围，一名负责实验者把两张卡片如图 9－1 所示摆在每一位实验参与者面前。然后，负责实验的人要求参加实验者依次指出图中右边卡片上的三条线中有哪一条与左边卡片上的线相同。这一过程用不同卡片重复了几次。

图 9－1　阿施的卡片

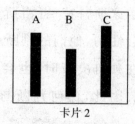

卡片 1　　　　　　　　　　卡片 2

参加实验的人并不知道，坐在桌子旁的那些人不是实验志愿者而是冒充者——负责实验者的同事——每个人都有一份答案。而真正参加实验的人，根据实验最初的设计，要最后才能回答问题："2 号卡片上，哪条与 1 号卡片上的线相同？"在最后一位回答问题时，他有机会考虑其他人的答案。他会受这些答案影响吗？这就是阿施实验希望能够回答的问题。

在几轮实验中，那些冒充者已事先达成一致，给出的答案要超出常人看待问题的视角。比如，他们回答说，B 线与 1 号卡片中的线相同。尔后让参与实验者给出他的答案。

如果屋子中每个人都已经确认 B 是正确答案,你将如何回答呢? 你是相信自己眼睛所看到的,还是会被团体一致的判断所左右?

阿施发现,在 50 个被实验者中,37 个人至少有一次顺应了大多数人的意见,他们当中的 14 人在 12 次重复实验中超过 6 次服从了大多数人的意见。面对一个错误的、但又是团体其他成员一致投票通过的结果,接受实验者在 12 次试验中,有 4 次屈从于大多数人的意见。[2]

阿施在不同的环境中重复他的试验,每次都会有一些变化。这些实验得出了重大发现:

● 大多数参与实验者在实验后接受访问时说,他们并不相信其他人给出的答案,但是依然顺从了团体意见,因为他们担心会被嘲笑或者被认为很"怪异"。他们希望被团体接纳、喜欢。

● 有一些参与实验者声称,他们确实认为那些同谋者的答案是正确的。

● 当团体中出现"同盟"时,那些顺从大多数人意见的参与实验者的人数有大幅下降。阿施偶尔会让他的一个同伙给出正确答案。即使团体中只有一个同盟,也足以促使随声附和的人数直线下降。

阿施实验的结果对于商业决策者来说,意义明确,也很令人担忧。因为不愿被同事视为异己,有些人会放弃自己的观点来与大多数人保持一致。我们可以推测,如果决策小组中存在极大的权力差异时,情况更是如此。

这种顺应大多数人意见的倾向会产生两种负面结果:

● 团队中缺乏不同意见。

● 团队对于其观点的信心注定会上升。

这两种结果都不会有助于作出正确决策。

减少随声附和

你可以通过改变团队决策的程序来减少随声附和的危险。一种方法就是在公开他人观点之前,要求每个参与者写下各自的观点。配备一名助手来接受和保存这些书面观点。

另外一种方法是坚持要求决策小组中职位最高的人最后发表意见。这样,其他人就不会感到受到威慑,才敢于把自己真实的想法摆到桌面上。

团 体 盲 思

每个决策小组都受到一种被称为团体盲思(groupthinking)的组织缺陷的威胁。团队越紧密,风险越大。已故耶鲁大学心理学家欧文·贾纳斯(Irving Janus)创造了这个词,他把团体盲思定义为一种存在于紧密团结的小团体中的一种思维模式。在这样的团队中,追求和谐一致的热情,使得团队对任何其他选择方案的客观评估都置之不理。

团体盲思是思维在某个准则点上的交汇,是一种强烈的团队意识的潜在副作用。不幸的是,这种交汇点更多的是受社会心理压力驱使,而较少是客观的。所有的团队成员有着强烈的团队意识时,他们会强调共同点(打击不同观点),并且力图达成一致。这样可以促进合作,是件好事,但是,同时也会减少批判性思维和讨论,这是一件很糟糕的事。在这种情况下,希望达成和谐一致的愿望会超越客观性。

社会心理学家很早就发现,在了解了团队中其他同事的观点后,持不同观点的人倾向于趋同。例如,如果分别请经济学家预测未来利率,他们通常会给出一个很宽泛的利率范围。而在得知其他经济学家的预测后,预测的范围则急剧缩小,大多数的预测都集中在中间值。这种观点的趋同,原因在于,也许是出于缺乏自信,个体不愿意作出与他人的预测相去甚远的预测。也许你已经在曾经参加过的团队会议中发现过类似的现象。

观点的统一对于决策团队很重要,尤其是谈到决策目标、决策方式以及团队行为准则时,尤为如此。如果团队在这些事情上无法达成共识,团队工作很难有效完成。然而,观点一致升级到团体盲思则很危险。观点的多样性让位于观点的同一性,会制造出一种不容置疑的假象。那些"有不同想法"的人可能会被再教育或者干脆被排挤出局。

以下是团体盲思的一些症状:

● 团队成员抱有一种所向无敌的幻觉。

群体的疯狂与智慧

- 团队领导被隔绝（保护）起来，无法听到不同意见。
- 团队成员接受正面数据，拒绝那些不符合其观点的数据（第8章所讨论的求证）。
- 备选方案不予考虑。
- 与大多数人意见相左的个人不被团队所相信或被视为异类。
- 要求制定计划的人对计划进行评判。

如何避免团体盲思

你的决策团队是否存在以上症状呢？如果有，团队领导和成员必须采取措施征求多种不同意见。一种方式就是指派一位德高望重的合适人选扮作持反对意见者。这个人应具备一种特质：能够质疑大多数人支持的观点和结论。他还将代表少数派意见，坚持要求其他团队成员认真对待与其观点冲突的事实与观点。

回报乐观主义者，惩罚悲观主义者

另一种团队影响力只存在于某些组织中。这类组织关注并回报乐观主义者，惩罚悲观主义者。他们以自己这种"我能"的精神为荣，坚持认为没有哪一种挑战是不可以战胜的。支持这种文化的领导提醒员工："要越挫越勇。"公司的CEO会定期发布挑战性的目标,旨在鼓励员工"世上无难事,只怕有心人"。

乐观主义对于公司和个人来说,是一种优点。事实上,很难想象,如果缺乏乐观主义,社会该如何进步。然而,脱离现实的乐观主义则有负面影响。深受这种我能精神折磨的决策者可能会接受极高的风险,并且同意那些毫不现实的预测;反对这些过分的行为可能会显得不明智,也会阻碍其职业发展。要求他人审慎行事,说"我认为我们无法达到这些指标"甚至会被认为是不忠诚的表现:"昆比(Quimby)女士,如果你无法做到这些,我会请能做到这些的人来做。"

过于乐观对于一个组织来说,最危险的一点就是支持乐观主义者而疏远那些被贴上悲观主义者标签的人的这种倾向。这种倾向导致乐观主义者最终会控制所有决策,使得一种糟糕的情况变得更糟。丹·洛瓦罗和丹尼尔·卡恩曼在其文章"成功的幻觉"("Delusions of Success")中作了如下分析:

> 带来坏消息的人可能会遭到排斥,受到其他同事的疏远和忽视。如果悲观主义观点受到压制,乐观主义的观点得到回报,那么,一个组织进行批判性思维的能力就会被削弱。而员工个人的乐观主义偏差则得以加强,对于未来不现实的看法也会被团队强化。[3]

提倡现实的乐观主义

乐观主义在你公司的文化中起到何种作用?员工是否了解鲁

莽从事和基于现实的乐观主义之间的区别？最高领导层必须了解这种区别，必须从公司文化中消除鲁莽从事的现象。接受超人式的任务却无法完成，这种情况对士气最具杀伤力。

也许解决这种盲目乐观的问题最好的方法是对于各种方案进行客观分析。例如，如果一位超级乐观主义者建议收购某家公司将有助于打入到邻近的市场，那么，就礼貌地请他提供实际证据来支持其建议。如果缺乏证据，这个建议无异于一种未加证实的假设。而要求实证是一项合情合理的要求。

第8章曾讲述过的参照组预测方法是另外一种方法，可以检验一个提案的事实根据，从而判断该提案是否过于乐观。

团队决策何时更佳

尽管查尔斯·麦凯描述过周期性的群众癫狂，尽管团体对于个人具有比上述癫狂更加微妙的影响，但团体通常比个人单独行事更有可能作出明智决策。这并非是否认个人的智慧。所有伟大的交响乐都是音乐家个人的杰作。并不存在莫扎特合作团。《格尔尼卡》(Guernica)并非团体作品，而是出自一位画家之手。《大卫·科波菲尔》(*David Copperfield*)也不是出自伦敦作家论坛，而是查尔斯·狄更斯(Charles Dickens)独自耕耘的结果。然而，即使是我们现在公认的天才也曾得益于评论家、编辑、朋友及同行的意见和建议。

尽管个人能够获得卓越的成就,然而,团队通常能比个人作出更明智的决策,能更有效地解决问题。仅仅集中三四个人的集体智慧和经验,就可能增加团队中某个人解决问题的机会。另外,结合几个团队成员的方法,就可以解决整个问题。

　　2004年,《纽约客》(New Yorker)杂志金融栏目的作家詹姆斯·苏罗维奇(James Surowiecki)出版了一本极具争议的小书,书名为《群众智慧》(The Wisdom of Crowds)。他认为,团体要比个人更有智慧:"一个包括各类人士的团体,比起一个最有经验的'决策者',能够作出更现实的预测,作出更明智的决策。"4

　　要熟悉那些阻碍正确的决策程序的偏差。苏罗维奇很明智地把他所认为的群众智慧限定在了四个条件之下。这四个条件能够降低团队偏差,并且能够最大限度地利用团队智慧解决问题。

　　1. 多种观点　团队中每个人应具备一些"私人信息",也就是说,别人无法获得的信息。这样,丰富多彩的观点可以丰富团队的信息组合。

　　2. 独立自主　团队成员的观点不应被周围的人所左右(比如说参与决策的上司)。

　　3. 分散资料来源　正如苏罗维奇所言,人们应该能够"专注于自己的专业知识,并且能够加以利用。"换言之,决策者不应总是从同一渠道获取信息。

　　4. 汇总观点　应建立一种机制,把个人观点变成集体观点——即决策。5 比如,选举就是一种对于政治家及其政策进行集体评判的机制。不进行选举,这些评判仅限于个人,无法通过政治团

群体的疯狂与智慧

体发挥作用。

一个具备以上四个条件的团队可以作出正确决策,这似乎合乎情理。而问题在于如何满足这四个条件。在公司这样的环境中,很难满足这些条件,比如获得真正的独立自主,因为团队成员必定会受到同事的影响。正如索罗门·阿施实验中那些毫不知情的被测试者一样,他们必须要听完其他人的意见后,才能表达自己的意见,决策组中所有的人,除了一位——那位第一个发言的人,都必须倾听其他人的想法后,才能给出自己的意见。公司成员之间权力的差异也可能削弱个人的独立判断力。但是,在组建决策团队时,苏罗维奇的四个条件依然值得认真考虑。

人是社会动物,人们的观点和决策会受到周围人的影响。作为一位独立的决策者,或者作为决策团队的领导,你的职责是利用团体智慧,同时要避免团队的负面影响。这并非易事,但是如果成功做到这一点,将会增加正确决策的几率。

小　　结

● 我们是社会动物,我们的判断会受到周围人的影响。

● 一些决策者的判断会受到以下因素的影响,包括取悦他人、避免冲突、与他人保持一致,成为团队一分子或者避免决策后受到批评。

● 团体盲思是强烈的团队意识的潜在副作用。强调思维的相同点,压制或避免差异是团体盲思的特点。

● 警惕盲目乐观。乐观主义是进步的必要条件,但是必须以现实为基础。

● 詹姆斯·苏罗维奇认为,尽管团队易受"群众癫狂"的影响,但是,如果具备某些条件:多种观点、团队成员的独立自主、分散权力以及把个人判断转变为团体决策的机制,团队依然能够比个人作出更明智的决策。

10 迈向更加成功的组织

10 迈向更加成功的组织

——增强决策能力

本章关键话题

- 高质量决策的优点
- 案例研究
- 六个教训
- 领导的职责
- 不断改进决策方法

所有组织都应致力于改善决策的质量。当然,这一目标是对组织的回报。可以想象,如果高级行政人员的决策质量上升 25%,公司的业绩该是怎样的呢?对于高层管理人员选聘、产品及服务定价、商业交易谈判以及战略规划等四个方面,决策错误的代价是巨大的。如果能够避免任何一个方面的决策错误,那么,企业效率或者企业竞争力,就会得以提高。那些经常被错误的行政决策浪费掉的员工能量,就可以在能够产生真正价值的生产活动中得以利用。

行政管理人员的不明智的决策永远不会消除,因为他们生活在一个充满风险的世界中,但是,可以对这些决策加以改善,这对于公司以及公司所有者的未来非常重要。实际上,改善决策过程,是一个公司获得高额回报的最佳方法,原因很简单:改进的决策程序成本很小,却能创造出巨大的股东价值。

适用于公司最高管理层的方法,同样也适用于公司其他层面。因为最高管理层所作的每一项决策,关系到其他相关中层经理、主管以及每个员工的诸多决策。如果公司的中、低层员工所作的决策更好、更明智,可以想象,公司前景将会变得更加美好!

幸运的是,如果公司能够做到以下几点,公司的所有层面都能够作出更加明智的决策:

● 采用本书中提到的理性决策程序。

● 培训参与决策的适宜人选,并使用决策分析工具。

● 通过重复决策程序增进员工对于决策程序的了解与实施。

大多数从事商业活动的人士非常了解良好的决策程序的重要性。自 20 世纪 70 年代以来,工商业争相采取措施,以改善各自的产品质量。世界大多数公司都对各自的运营程序进行了认真研究,加以改善,就改进生产程序的原则和方法对员工进行了培训。由于这些努力,大多数公司的运营都井然有序。

然而,很难发现有哪些公司以同样的热情——或者哪怕仅仅是有热情,去解决决策质量和决策程序的问题。在美国,通用汽车公司(General Motors)、雪佛龙德士古公司(Chevron/Texaco)、强生公司(Johnson & Johnson)以及波音公司(Boeing)是少数的几个例外。正如戴维·马西森和吉姆·马西森在《学习型组织》一书中所说

增强决策能力

的,决策是质量运动的下一个前沿。[1]一旦你的组织知道如何"把事情做好",你自然希望所作的决策能够指导员工"做正确的事"。这样才能构成一个完整的循环,使公司更稳健,更具竞争力。

通用汽车公司的经验

通用汽车公司的案例,是一个非常有趣的案例,而且完整记录了一家大公司所采用的严格的、并且已经制度化的决策程序。[2]在该案例中,我们可以了解到,一位改革人士如何成功引进了一套严格的程序,并得到了管理层的认可,使这套程序经过多年不断的改进,最终成为公司企业文化的一部分。

通用汽车公司案例中的那位改革人士,就是文森特 P. 巴拉巴。他 1987 年受聘于通用汽车公司,此前他担任伊斯曼柯达公司(Eastman Kodak)的市场调研部门经理。巴拉巴在柯达公司的经历以及以前在施乐公司(Xerox)的经历,使他认识到,在信息开发人员(市场调查人员)和信息使用者(决策者)之间,建立一套信息自由流动机制非常重要。他曾目睹因信息得不到有效利用而导致的错误,特别是当有人有选择地利用市场调查信息来支持他们主张的商业计划时,出错的可能性尤其大。柯达公司的工作经历,也让他了解了决策分析的一些原则。

1988 年开始,巴拉巴以及几名下属,在战略决策集团——一家专门研究决策分析的顾问公司的协助下,开始对经理们进行本书前面章节中所讲的对话决策程序（dialogue decision process, DDP）的培训。他们的目标是，要把这家汽车公司的决策方法，由游说改为问询和学习。他们所付出的努力再及时不过了：通用汽车公司当时正面临严重的问题和许多重大决策。

巴拉巴在 2005 年 1 月接受本书采访时说，通用汽车公司当时的企业文化是，让员工向高层管理人员"推销"他们的计划。[3] 就像律师在法官面前努力为委托人打赢官司一样，这些经理都极力美化各自的计划。这些计划从不提及负面信息，也从不提供备选方案。巴拉巴说，"在这种环境中，你最不可能办的事就是告诉管理者，'其实还有其他方法可以解决这个问题'。这种情况就没有发生过。"

从 1988 年到 1995 年巴拉巴把通用汽车公司战略策划部门〔GM Strategic Initiatives（GMSI）〕的权力移交给新的领导时，这个公司内部的顾问部门已经对 2,500 名经理及行政管理人员进行了 DDP 的培训，使他们能够熟练运用一套分析工具，进行方案评估。现在，他们当中的许多人都曾经或多次加入过通用公司永久或临时的"决策委员会"，他们要求提出计划的人要正确认识问题，提供备选方案，并且利用正确的分析工具，对每一个可行方案进行评估。

每年，公司越来越多的项目都采用了这个对话决策过程，每次决策过程都是参与人员的一次学习经历，而他们会把学习成果应用到以后的决策中。同时，GMSI 部门也已发展为一个拥有大量分析技术的有效支持组织。2004 年，该部门又吸收了 25 名核心专

增强决策能力

业人士以及代表公司各部门的轮职经理们。

对于任何希望进步的组织来讲，通用公司的成功案例非常令人鼓舞。巴拉巴总结了三点重要成就：

● 通用汽车公司在作出重大决策时更加理性；而过去那种"推销"项目的方法，再也无法令人容忍。

● 一个项目从酝酿之初到最终实施的时间缩短了一半。真正作决策的时间相对较长，因为要用更多的时间来思考和研究。但是，从作出决策到开始实施的时间大大缩短了，因为人们不会事后对决策进行批评，或者在幕后游说试图改变决策。

● 跨部门的决策小组及委员会，促进了通用汽车公司各职能部门的沟通与了解。现在，其他部门的管理人员和非管理人员以及员工之间，相互理解，通力合作。更重要的是，与过去相比，他们更愿意为公司的整体利益着想，而不是仅仅考虑自己的部门利益。

组织改进的经验

通用汽车公司只是一个个案，但是，它的经验和组织变化信息，为希望引进高效率决策程序的那些公司，提供了许多可以借鉴的经验。以下有六条经验：

1. 高级管理层要给予实质性的支持。如果上司宣布你的任务很重要，其他人会明白其中暗含的信息。

2. 由简入繁,要有耐心。你无法同时训练所有人,也不可能一夜之间改变他人的决策方式。这都需要时间。利用简单决策情形进行实验和学习。

3. 最初要向他人展示理性决策过程的价值。人们认识到其价值以后,抗拒会减少,你就会得到拓展所需的资源。

4. 对决策组成员进行决策的一般过程和使用决策工具方面的培训。请几位专家帮助决策组完成决策过程,并进行方案评估的技术分析。

5. 不要吹毛求疵。针对不同决策采用不同的程序和分析工具。

6. 不断改进。作出每个决策之后,进行事后检查,并且要问:"我们当时该怎样才能做得更好?"然后,把经验运用到下次决策中。

也许关于决策实施方面的最重要的经验已经在文森特·巴拉巴1995 年出版的题为《同心同德》(*Meeting of Minds*)一书中得以阐述。他在书中写道:"如果你能够改变公司中人们决策的方式,你就可以改善公司的企业文化"——最大限度地改善:

> 通用汽车公司重复使用 DDP 的副产品之一,就是管理文化的显著改变。公司由从前的游说和对抗文化,逐渐转变为一种更加开放、合作的文化。这种效果完全在意料之外。我们的目标原本是改变决策方式,并非改变企业文化。但是,我们逐渐认识到了这两者之间的紧密联系⋯⋯
>
> 许多公司的错误在于试图改变公司结构或改变企业文

增强决策能力

化。最终，这些努力是昂贵的、痛苦的，而且常常是失败的……如果你期望企业文化发生变化——并且得以保持——就要停止盲目改变公司组织结构，而是要着手改变决策流程。[4]

领导的责任

采用并使用理性决策流程不会自然而然地发生。像文森特·巴拉巴在通用汽车公司所做的那样，在公司中具有影响力的人必须做出表率。这个人必须证明这个流程的正确性，必须提供热情的支持。

正因为这很重要，公司领导层绝对不能对任何一项通过事前推销或游说方式作出的决策或方案表示宽容。"我有一个很棒的计划，把我们的业务拓展到得克萨斯市场去。新市场的年收入在第三年底将会达到近 1,200 万美元。而我仅需要 30 万美元来启动这项计划。请看我的计划书。"如果一位经理带着这样一项计划来找领导层，领导层应该当场拒绝，并要求他提供一个更好的计划："我们非常高兴，你能够为增加公司收入献计献策，但是，我们希望你回去多做一些调查工作。多请几个人帮忙。人越多，越有利于解决问题。我们尤其希望你能够多想几种增加收入的方法。不要把得克萨斯当做唯一的机会。如果公司要同心协力扩大收入，我们希望能够有多个方案，以备选择。"

如果高级管理层对于每一个推销计划或解决方法的经理都给予这样的回答,那么,经理们会得到这样的信息:推销不是得到他们所要结果的通行证。

如何开始

由一个高级管理人员和员工都希望改变决策方式的部门开始。这个部门可能是信息系统部门,它将就电子商务网站或信息基础设施进行决策。也可能是负责新产品或服务的研发部门,也可以从负责制定新奖金计划的任务小组开始。

无论从哪里开始,都要从基础起步,而不要从最高处出发。变革管理文献中有两项非常重要的经验。首先,从小的、比较有自主性的部门开始,成功的几率最大。同时改变整个组织难度较大,而且极有可能失败。当变革在小范围内进行,并且临近部门的员工亲眼目睹了这种变革之后,在整个组织中普及这种变革就变得更为容易。在变革过程中,如果对实行变革的部门所进行的变革进行有效的促进和控制,则变革极易成功。来自于最高管理层的支持总是很重要,但是,由 CEO 办公室制定和控制的变革,成功记录很差。

当员工看到采用的决策流程的良好效果,他们也会更乐于尝试。而领导层则应当鼓励向其他部门推广这种流程。

增强决策能力

必要时请求帮助

如果你试图改变商业流程，相关方面的经验总会有所帮助。本书中总结的决策的五个步骤，对于大多数人来说，还是新鲜事物。而决策分析工具，也是如此。这表明，在引进决策流程时，有必要聘请专业人士，进行决策培训。

质量改进运动，是一项有效的类比。从质量改进中获益的公司，大多都聘用了专业人士，对其管理人员和员工进行质量标准和技术的培训。一个员工一旦学会如何去做，就会影响并帮助其他同事。

许多咨询公司专门致力于决策培训。这些公司能够帮助你较快克服学习过程中的问题，而且，它们可以指引你避开一些误区，从而避免你的努力功亏一篑。

鼓励不断改进

正如企业中其他流程，如订单输入、聘用职员以及生产等流程一样，决策流程也需要持续改进。如果员工与团队坚持不懈，不断总结经验、相互学习，就能够更好地进行决策。这种自觉的努力，通常表现为对于所采取的行动进行回顾与总结：

我们的决策分析有哪些优点？

我们在哪些方面本来可以做得更好？

如果从头再来，怎样才能做得更好？

回顾与总结以往行动，从中得到的经验，可以运用到下一次决策中。如果有步骤、有系统地进行这项工作，随着时间的推移，决策者和决策团队会变得更有效率，而这对于公司也会产生积极的影响。

不要把思维局限在提高员工决策技巧上，而是要考虑如何改善决策流程本身。这会涉及到选择适当人选参与决策、确定决策的方法以及征集备选方案、应用决策分析工具或者最终决策的方式。你应该不遗余力地提高决策流程的效率。

小　　结

● 公司每个层面的员工所改进的决策，对于企业价值均有积极影响。即便是点滴的改进，意义也非常重大。

● 若要改变整个公司的决策流程，必须要做三件事：采用理性的决策流程；培训员工使用这一流程以及相关决策分析工具；通过重复使用改进决策流程的实施。

● 通用汽车公司的经验展示了如何在规模较大的组织中引进本书中所介绍的理性决策流程，并且逐步扩大。

● 在引进新的决策流程时，要由简入繁，循序渐进。在展现这一流程的价值之后，再把这个流程扩展到整个公司；在寻求高层管理人员的支持的同时，要保留部门控制权和负责制。

● 鼓励不断改善决策流程。

增强决策能力

决 策

附录 **A** 两个实用工具

附录 **A** 两个实用工具

本附录中包括两张表格，可能会对你有所帮助。这两张表格都是从哈佛管理导师（Harvard ManageMentor®）网站上剪贴下来的。哈佛管理导师是哈佛商学院出版社的在线产品。"十种可能发生的最坏情况列表"可以在哈佛商务指南系列丛书网站（www. elearning. hbsp. org/businesstools）上免费下载。你也可以随时登录该网站，获得其他表格、对照表或者其他互动工具。

1. 阶段划分工作表（表 A－1）。这张表格有助于考虑如何解决决策流程的问题。

2. 十种可能发生的最坏情况列表（表 A－2）。一些经理发现，这张表格有助于列举出工作中可能出现的十种最坏的情况，以及该如何处理这些情况。利用这张记录表，做出自己的表，或者让团队或工作小组自行列举各自的情况。

表 A-1　阶段划分工作表

利用这张表格来考虑如何解决决策流程的问题
决策描述 描述团队及自己所需要作出的决策：
决策参与者 列举出参与决策者的名单及其作用。确定主要利益相关者、专家以及持反对意见者(那些可能会反对决策或者阻碍决策实施的人)。
决策时间 有多少时间作决策？这项决策是否必须在某个特定日期作出？
决策环境 决策会议在哪里召开？(如果可能,考虑利用与众不同的会议环境。)
决策方法 你将采用哪种决策方法？是取得一致同意、少数服从多数、有条件的共识、领导决策,还是以上方法的综合？(要考虑到决策的重要性及重要意义。你可能需要把最终决策权留给自己。) 如果团队陷入僵局,你该如何决策？
决策局势 列举出有利于促进讨论的问题： 1. 2. 3. 4. 预测决策过程中可能出现的一些观点和立场。 如何在游说式和探究式讨论之间取得平衡？

　　资料来源：Harvard ManageMentor® on Making Business Decisions.
经许可选用。

两个实用工具

表 A－2　十种可能发生的最坏情况列表

一些经理发现,列举出工作中可能会发生的糟糕的十种情况以及应对方法,对其工作非常有帮助。利用下面这张表格,记录你认为可能发生的最坏情况,或者让一个团队或工作小组做出各自的表格。

可能发生的情况	应对方法
1.	
2.	
3.	
4.	
5.	
6.	
7.	
8.	
9.	
10.	

资料来源:Harvard ManageMentor® on Crisis Management。经许可选用。

附录 **B** 评估方案的财务
分析工具

附录 B 评估方案的财务分析工具

在商业决策时,通常需要进行财务方面的分析和考量。例如下面几个问题:

是继续使用英国的分销中心,还是该把这项工作外包给一家供应商?

方案甲和方案乙收回投资的时间各有多长?

虽然产品甲和产品乙都是不错的备选产品,然而,对于公司而言,还需要知道,若在市场上销售这两种产品,需要达到多少销售量之后才能开始赚钱?哪种产品具有长期价值及更高回报?

考虑到预计的能源成本,替换位于芝加哥的公司总部的供暖系统,似乎能节省公司支出。然而,如果能源成本仅仅上涨 5%,而非所预计的 10%,那结果又如何呢?

你所确定的三种方案的回报率各为多少呢?

本附录将介绍几个基本的财务分析工具。你可以通过以下方法来回答上面那些问题:

● 投资回报率

● 投资回收期

● 净现值(NPV)

● 内部收益率

● 盈亏平衡分析法

● 灵敏度分析

投资回报率及投资回收期

投资收益可以表现为成本利益、增量利润或者价值增长。计算净投资回报,从总利润中减掉投资成本即可。如果要计算投资回报率——即净回报与投资成本之比,要用净收益额除以总投资成本。

投资回报率是将公司内部投资的收益与其他地方的投资收益进行比较的一种基本方法。一般来说,一项投资的回报率应该相对较高,至少要高于公司通过其他投资,比如购买政府债券等的预期收益。

假设你正在考虑购买一台价值 10 万美元的数控机床,在机床使用年限内——预计为 7 年,每年将为公司节省 18,000 美元。这样,共计将节约 126,000 美元,净回报为 26,000 美元(126,000 美元－100,000 美元)。采用这个公式——26,000 美元/10,0000 美元,投资回报率即为 26％,非常诱人。

然而,公司也想了解投资回收期:投资需要多长时间才能收回来。我们已经知道这台机床预计能够每年节省 18,000 美元。如果想要计算出投资回收期,用投资总额除以预计每年节省的总额。这个例子中,即是用 100,000 美元/18,000 美元＝5.56。换言之,这台机床会在 5.56 年后收回投资。表 B－1 按年对此加以了阐释。

表 B－1 累计年结余额

年	结余额	累计结余额
1	$18,000	$18,000
2	$18,000	$36,000
3	$18,000	$54,000
4	$18,000	$72,000
5	$18,000	$90,000
6	$18,000	$108,000
7	$18,000	$126,000

请注意,要到 5 年后,你才真正开始从投资中获得收益。但是,如果对于机床寿命的预计是错误的,或者模具在 5 年之后破损,那情况又是怎样呢? 那么,这项投资就是失败的。公司甚至都无法收回初始的投资。

作为分析工具,投资回报率和投资回收期具备以下优点:

- 比较容易能够让上层管理者接受。
- 能够提醒大家,明智的支出能够获得收益。
- 这些工具从长远角度出发解释问题。
- 有助于比较和选择不同的方案。

但是,这两种方法都有一个缺点:忽略了金钱的时间价值。时间价值需要通过更为复杂的财务工具来反映,即净现值以及内部收益率。

净现值

第5章已经介绍过了净现值（NPV）的最简单形式，这里要展开讲解。这种工具可以变得非常复杂。由于大多数的计算器和电子数据表程序都能够进行此类计算，在下面的讲解中，我们将省略数学公式。

我们首先了解一下，净现值和内部收益率两种方法的基本原理：即金钱的时间价值。事实上，这一原理表明的是，你今天所得到的1美元的价值，要高于未来将得到的1美元。什么原因呢？因为，即使没有通货膨胀，你今天得到的1美元可以用来投资，在未来的时间里获取收益；而你5年之后将得到的1美元却无法实现这一目的。

举例来说，假设你今天手里有1美元，5年后的今天又将得到1美元。你认为哪个更有价值呢？如果你把今天得到的1美元投资在货币市场上，年复利为5％，到第5个年末，这1美元将变为1.28美元。如果你等到5年之后再拿这1美元，你就损失了0.28美元。反过来，以每年5％的折现率计算，5年之后所得到的1.28美元（未来价值）相当于今天的1美元（现在价值）。

时间价值的概念，可以被广泛应用到商业领域。在评估一个新的商业机会时，必须分析预测这个商业机会在未来不同阶段所能够产生的现金流。要进行这种分析，必须采用一种方法，即能够用现在的现金来表现未来的现金价值。通过计算净现值和内部收益率即可达到这一目的。

假设你的公司预计一套新的羊毛外套衣架生产线能够在一年后产生 6 万美元的年利润,并且会持续 5 年。那么,公司所面临的问题可以解释为:考虑到预期利润流以及 25 万美元的前期成本,投资 25 万美元购买新的衣架生产线是否是最具收益的投资方式呢?还是进行其他投资的收益更高呢?

计算净现值首先要认识到,你预期 5 年内的收益为 30 万美元利润(每年 6 万美元,一共 5 年),因为现金的时间价值,它远远低于现在的 30 万美元现金值。未来的 30 万美元必须经过折现后,才能准确代表今天的现金值。其折现率取决于投资回报率。这个回报率应该是,你经过合理预计之后,在同一时期,让你决定把 25 万美元投资在其他方面(风险程度相当)、而不是投资购买衣架生产线所具有的投资回报率。这种回报率通常被称为贴现率。假设我们的例子中的贴现率为 6%。

在计算器和电子数据表中的净现值功能都考虑到了初始投资、年现金流(在该例子中为利润)、贴现率以及活的现金流的年限。如果所得出的净现值为正数,并且不考虑其他投资,则应该继续进行这项投资。在我们所用的例子中,投资衣架生产线的净现值为 2,587 美元,这一数字表明这项投资回报应当很高。

但是,如果你的公司正在考虑其他投资方案(英明的决策需要你去权衡不同的方案),你又该怎么办呢?你依然考虑投资 10 万美元购买前面说过的数控机床。那项投资预计在未来 7 年内带来每年 18,000 美元的成本收益。以 6％的贴现率,这项投资的现金流量的净现值为 456 美元,勉强成为正数。比较两项投资的净现值,皆为正数,但是,衣架生产线的净现值更高。如果公司只能投资其中一项,应该投资购买衣架生产线,搁置购买新机床的投资计划。

这里我们应当关注贴现率对于净现值的影响。假设贴现率为 10％而不是 6％,那么,这个例子中机床的净现值将为－11,244 美元。机床的投资将由一项回报丰厚的投资,变为一项极其失败的投资。

计算新的衣架生产线的净现值时,请注意另外一个问题:即使按照 6％的贴现率计算,净现值也远不如投资回报率预测的 26％乐观。这里想要说明的一点是,尽管净现值的计算难度较大(很难解释),但净现值分析对于投资方案的评估更为成熟、更为复杂。

内 部 收 益 率

内部收益率(IRR)是经理们可以利用的另一种方案评估工具。内部收益率被定义为当一项投资等于零时的贴现率。通常来说,如果一个方案的内部收益率高于另一方案的预期内部收益率时,就应当采用具有较高内部收益率的方案。

一项投资的合理预期收益率该是多少呢? 一般来说,应高于无风险投资的收益率,比如购买国库券。多数情况下,公司会设定

评估方案的财务分析工具

一个最低预期回报率：即所有投资要求获得的最低回报率。在上面的例子中，所有考虑之中的投资项目的内部收益率，必须超过最低回报率，才能使公司继续进行投资。

盈亏平衡分析法

盈亏平衡分析法，是评估不同方案时所采用的另一种方法。当你考虑投资销售新产品或增加已有产品的销售量时，这种方法能够为你提供帮助。盈亏平衡分析法会标明为收回固定投资，应该销售多少（或还应该再销售多少）产品。换言之，表明哪一个点为盈亏点。掌握了这一信息，就可以根据市场需求以及竞争对手的市场份额，来决定所预计的销售量是否合理。

用更为准确的术语来说，计算盈亏平衡点有助于判定，一个产品系列或一项投资的总收入何时等于总的固定生产成本。但是，在计算盈亏点之前，需要了解计算所必需的各项数据：毛利贡献、固定成本以及可变成本。毛利贡献可以定义为单位产品销售收入减去单位产品的可变成本，它是能够用来支付单位产品的平均固定成本的资金量。固定成本指无论一个产品或一项服务的销售量多少，依然保持不变的成本，如保险、管理人员工资、租金、常品开发成本等。可变成本是指那些随着产品生产以及销售量的变化而变化的支出，例如劳动力、水电费以及原材料。

基于以上概念，我们可以理解以下的计算：

1. 产品销售价格减去单位可变成本,等于单位产品的毛利贡献。

2. 总固定成本,或者投资额,除以单位产品毛利贡献。

3. 所得比值为盈亏平衡点,表现为支付总固定成本所需的产品销售量。

让我们回来再研究一下前面假设的数控机床的例子。假设这台机床生产出的产品销售价为 75 美元,单位可变成本为 22 美元。下面是盈亏平衡点的计算方法:

75 美元(单位售价)－22 美元(单位可变成本)＝53 美元(单位收入)

100,000 美元(固定成本)÷53 美元＝1,887 个(盈亏平衡销售量)

这时,你必须判定是否能够达到这个盈亏平衡点:在生产帽架的同时,再生产 1,887 个衣架是否现实? 如果可以,生产周期要多长? 请注意,这个数量是要不断增长的,因为公司一直都在生产这类产品,这台机床仅仅代表改进生产流程的一种方式,补偿销售量必须要超过现在的销售量。

在哈佛商务指南系列丛书网站上,有免费的互动软件工具。你可以利用这些工具进行盈亏平衡分析。这个软件工具最初是为哈佛商业导师网上出版物而设计的。想使用这一分析工具,请登录www. elearning. hbsp. org/businesstools,在书名为 *Finance for Managers* 的目录下列举的工具中选择。在你登录网站时,可以下载对你本人以及公司有所帮助的其他内容。

敏 感 性 分 析

敏感性分析是一种评估金融影响的方法。它与净现值分析一样,用来测试决策方案的关键参数的变化。进行敏感性分析,要确定关键的不确定因素,然后,构建每种不确定因素的最好与最坏情形,最后,计算这些情况的净现值。

例如,在衣架生产线的例子中,有几项关键参数可能会具有高度不确定性,比如:一年的销售量以及单位销售价。这些参数的任何变化必定会对这一新产品的净现值产生重要影响。大多数情况下,你可以在一张电子数据表中把这些情形模式化。这种方法使计算变得相对容易,每次仅仅改变一个变量即可。

注　释

注 释

第 2 章

1. David Matheson and Jim Matheson, *The Smart Organization* (Boston: Harvard Business School Press, 1998).

第 3 章

1. Alan J. Rowe, *Creative Intelligence* (Upper Saddle River, NJ: Prentice Hall, 2004),68.

2. J. Edward Russo and Paul J. H. Schoemaker, *Winning Decisions* (New York: Currency, 2001),24.

3. Jeffrey Pfeffer, *Managing with Power* (Boston: Harvard Business School Press, 1992), 63-64.

第 4 章

1. David Matheson and Jim Matheson, *The Smart Organi-*

zation（Boston：Harvard Business School Press，1998），24.

2. G. W. Hill，"Group versus Individual Performance：Are N ＋ 1 Heads Better Than One?"*Psychological Bulletin* 91（1982）：517-539.

3. Matheson and Matheson，*The Smart Organization*，42-43.

4. Vincent P. Barabba，*Meeting of the Minds*（Boston：Harvard Business School Press，1995），191.

第 5 章

1. Benjamin Franklin，letter to Joseph Priestley，September 19,1772. 引自 H. W. Brands，*The First American*（New York：Doubleday，200），457。

2. 对于等值交换的讨论，见第 9 章，"Tradeoff,"in John S. Hammond III，Ralph L. Keeney，and Howard Raiffa，*Smart Choices：A Practical Guide to Making Better Decisions*（Boston：Harvard Business School Press，1999），83-108。

3. Alan J. Rowe and Sue Anne Davis，*Intelligent Information Systems*（New York：Quorum Books，1996），24.

第 6 章

1. 关于接球法的详细讨论，见 George Labovitz and Victor Rosansky，*The Power of Alignment*（New York：John Willey & Sons，1997），90-92。

第 7 章

1. David Bovet and Joseph Martha, *Value Nets* (New York: John Wiley & Sons, 200), 41.

2. Robert G. Cooper, "Stage-Gate Systems: A New Tool for Managing New Products,"*Business Horizons* (May-June 1990): 45-54.

3. Alden M. Hayashi, "When to Trust Your Gut,"*Harvard Business Review*, February 2001, 60-61.

4. Eric Bonabeau, "Don't Trust Your Gut,"*Harvard Business Review*, May 2003, 15.

5. 理查德·吕克于2005 年 1 月 20 日对金·华莱士做的访谈。

第 8 章

1. John S. Hammond III, Ralph L. Keeney, and Howard Raiffa, *Smart Choices: A Practical Guide to Making Better Decisions* (Boston: Harvard Business School Press, 1999), 191.

2. Dan Lovallo and Daniel Kahneman, "Delusions of Success: How Optimism Undermines Executives'Decisions,"*Harvard Business Review*, July 2003, 58.

3. 理查德·吕克于2005 年 1 月 22 日对文森特·P. 巴拉巴做的访谈。

4. Mitsuo Fuchida and Masatake Okumiya, *Midway: The Battle That Doomed Japan* (New York: Balantine Books, 1955), 91-92.

5. Scott Plous, *The Psychology of Judgement and Decision Making* (New York: McGraw-Hill, 1993), 226.

6. 同上,229。

7. Lovallo and Kahneman, "Delusions of Success,"62.

8. John S. Hammond III, Ralph L. Keeney, and Howard Raiffa, "The Hidden Traps in Decision Making," *Harvard Business Review*, September-October 1998,52.

9. Joseph Strayer, 引自 Theodore S. Hamerow, *Reflections on History and Historians* (Madison: University of Wisconsin Press, 1987), 210。

10. Richard Neustadt and Ernest May, *Thingking in Time: The Uses of History for Decision Makers* (New York: The Free Press, 1986).

第 9 章

1. Scott Plous, *The Psychology of Judgement and Decision Making* (New York: McGraw-Hill, 1993), 204.

2. "Solomon Asch Experiment: A study in Conformity,"www. age-of-the-sage. org/psychology/social/asch_conformity. html.

3. Dan Lovallo and Daniel Kahneman, "Delusions of Success: How Optimism Undermines Executives'Decisions," *Harvard Business Review*, July 2003, 60-61.

4. James Surowiechi, *The Wisdom of Crowds* (New York: Double-day, 2004), 22.

5. 同上,10。

第 10 章

1. David Matheson and Jim Matheson, *The Smart Organization* (Boston：Harvard Business School Press，1998).

2. 文森特·P. 巴拉巴，在通用汽车公司发起决策流程的行政主管，在 *Meeting of the Minds* (Boston：Harvard Business School Press，1995)一书中讲述了这个故事的前半部分。当时这项工作仍在进行中。巴拉巴的另一本书 *Surviving Transformation* (New York：Oxford University Press，2004)讲完了这个故事。可以通过查阅 2004 年 9 月由战略决策团队制作的网络广播档案(以及一个可以下载的行政纪要)了解故事梗概。这段网络广播为巴拉巴及其在 GM 的继任者的专集，网址如下：www. sdg. com/home. nsf/sdg/eBriefings-eBriefingArchive.

3. 理查德·吕克于 2005 年 1 月 22 日对文森特·P. 巴拉巴的访谈。

4. Barabba, *Meeting of the Minds*，203-204，219.

决策

术 语 表

术语表

游说(ADVOCACY APPROACH) 决策过程中的一种行为模式。采用这种方式的个体为其立场观点游说,无视其他部门或公司整体的需要。游说者通常利用有利于其观点的数据及假设支持自己的立场,而绝口不谈相反方面的数据。

类比(ANALOGY) 一种推断,如果一种新的情况中有两种或多种情形与过去的经历相似,则判定其他方面也可能相符。

定位(ANCHORING) 一种谈判技巧,努力确定谈判所围绕进行的初始基点。在适当的情形下,谈判桌上第一个出价的人确定了一个心理定位点,以后的谈判和讨价还价都将围绕这一定位点进行。

接球法(CATCHBALL) 一种进行跨职能部门决策的方法,用以改进思路,并促进决策参与者之间的相互交流。一个最初形成的想法,被"抛给"合作者进行考虑。"接到"这个球的人有责任了解、研究该想法,并且要加以改善。而后这个人再将改进过的想法抛回给团队,这一想法会被接住后,再进行进一步完善。

求证偏差(CONFIRMING-EVIDENCE BIAS) 一种普遍存在的偏差,这种偏差促使人们去寻找支持自己观点的证据,借以驳斥或否定相反证据。

环境(CONTEXT) 由人际关系和社会行为所构成的氛围。人们对某些设想和数据的考察与判断,以及决策行为,均是在特定的氛围中进行的。

决策陷阱(DECISION TRAPS) 导致聪明的人作出错误选择的人类偏见。这些陷阱包括定位、过度自信、求证偏差以及错误类比。

等值交换(EVEN SWAP) 在权衡比较中,一个方案与其他一种或多种方案价值相等。

框架(FRAME) 一扇心理窗户,我们透过这扇窗来认识现实或某个问题。

团体盲思(GROUPTHINK) 一种思维模式,附着在凝聚力很强的团队中。在这样的团队中,团队成员力图保持一致,以至于不能够对于方案进行客观的评估。受团体盲思影响的人,很大程度上迫于社会心理压力,而不是客观地趋向达成一致观点。这样做的后果是,他们下意识地会限制批判性思维和讨论,排除与团队观点冲突的信息。

综合方案(HYBRID ALTERNATIVE) 一种新型方案,综合各种方案的优点而成。

探究法(INQUIRY APPROACH) 决策过程中,一个公开的、由大家提出问题,探寻不同观点,确定多种选择方案的过程,目的是达成一项由团队成员集体创造、共同负责的决策。

思维监督(INTELLECTUAL WATCHDOG) 一种决策方法,

首先,把决策团队分为两组;然后,要求一组对另外一组的决策进行批评和改进。

直觉(INTUITION) 一个人在不受事实信息或分析的干扰的情况下,对于局势进行判断,并形成结论的心理过程。许多人认为,所谓的直觉基于记忆、认知模式、经验、心理条件以及长久持有的个人偏见。

净现值(NET PRESENT VALUE[NPV]) 一种或多种未来现金流的现值减去任何初始投资成本。

回收期法(PAYBACK METHOD) 一种财务分析方法,用来计算一项投资收回成本的周期长短。

论据对位法(POINT-COUNTERPOINT) 一种涉及到两个小组人员的决策改进过程。甲组人员提出一项决策及其推理过程、论据和关键性假设。这项提议被提交给乙组人员。乙组人员的职责是,确定一个或多个方案,再把这些方案交给甲组。然后,这两个小组就这些方案进行辩论,直到形成一项所有人都同意的决策。

现值(PRESENT VALUE[PV]) 一笔未来的款项以某个年复利折合成今天的现金价值。

优先矩阵(PRIORITIZATION MATRIX) 一种评估方法,用来比较不同方案在实现公司目标方面的能力。这种方法采用加权分数对不同方案进行排序,得分最高的方案即为最佳选择。

参照组预测(REFERENCE CLASS FORECASTING) 一种预测方法,让预测者(1)确定一个可供类比的以往项目组,(2)确定那些项目结果的分布,(3)把正在考虑中的项目放在分布图中适当的点上。

门径管理系统(STAGE-GATE SYSTEM)　一系列交替进行的开发以及评估,目的是尽早消除无法实行的想法,将那些具有市场潜力的想法尽快变成现实并推向市场。

沉没成本(SUNK COSTS)　无法收回的时间或金钱投资。

权衡比较表(TRADE-OFF TABLE)　一种用来比较不同方案的重要特点的方法。

哈佛商务指南

扩展阅读

扩展阅读

文　章

Bagley，Constance E. "The Ethical Leader's Decision Tree." *Harvard Business Review*，February 2003.

如果你支持公司对海外工厂实行非强制性的控制污染措施，你是否有违使股东价值最大化的职责？这篇文章为你提供了一个框架，有助于揭示公司行为和公司道德之间的冲突，并正确处理这种道德上的两难境地，从而避免作出错误决策。

Bonabeau，Eric. "Don't Trust Your Gut." *Harvard Business Review*，May 2003.

直觉在决策中的作用固然重要，但是，在错综复杂的决策环境中，直觉也可以变成危险因素。本文作者阐述了直觉的危险性，比如，会导致容易相信有利于自己观点信息的倾向，引发往事类比的人类弱点等。作者为你提供了一套新的分析工具，用于调整你的直觉，从而避免让直觉的弊端影响你的决策。

Charan, Ram. "Conquering a Culture of Indecision." *Harvard Business Review* OnPoint Enhance Edition, March 2002.

面临一项艰难决策时,你的公司经理是否很难抉择?本文作者根据自己25年来对于组织行为的观察研究,揭示了决策行为能力低下是源于公司的企业文化。本文作者认为,既然公司领导可以创造一种踌躇不前的企业文化,当然,他们同样也可以打破这种文化。本文为企业的领导者们提供了许多宝贵建议,以帮助他们通过改变企业文化来增强企业的决策行为能力。

Garvin, David A., and Michael A. Roberto. "What You Don't Know About Making Decisions." *Harvard Business Review*, September 2001.

大部分行政主管将决策看做是发生在某个特定时刻的单独事件。而实际上,决策是一套程序,并且极易受到权力争斗、政治因素、个体差异及公司历史的影响。意识到这一点的领导,与那些自认为可以掌控决策行为的领导相比,更有可能作出正确决策。上述情况表明,一些决策程序富有成效,而另一些决策程序则形同虚设。大多数决策者通常会采用游说的决策方式,而这种方式很有可能是最不见成效的方式。采用这种方式的人认为,决策过程就是一场竞赛,必须为自己支持的观点大声疾呼,有选择地提供信息,拒绝提供与其观点相左的数据,这样才能令人信服,并有力反击反方观点。然而,更加有效的决策方式是一个探究的过程。在此过程中,决策参与者认真审议多种不同方案,彼此合作,共同探寻最佳解决之道。将决策由游说转变为探究,需要关注三个关键因素:培养建设性的冲突,而非个人观点的冲突;确保所有决策参与者都了解,尽管他们的观点最终可能不会予以采纳,但是他们的观点都会被认真考虑;掌握停止讨论的时机。本文作者讨论了将游说转变为探究、培养建设性的观点冲突、认真考虑各种观点以及及时结束讨论的具体方法。他们还提供了一个在决策过程中,对决策过程进行有效性评估的框架。决策力是领导力的核心,它要求领导者具备一种非凡的平衡能力:既能包容分歧——决策讨论初期常常存在各种分歧,又能凝聚团结——执行决策时需要团队成员团结一致。

Gary, Loren. "Cognitive Bias: Systematic Errors in Decision Making." *Harvard Business Management Update*, April 1998.

认识问题含糊不清、信息不足以及数据有限,这些均不利于经理们进行理性决策。人们的判断力受到个人心理倾向的影响,或者说,人们对于问题的认识往往受到以往经历的启发。本文讨论了三种广义的启发方式,即可得性启发、代表性启发以及定位和调整启发,并且指出了经理们在决策过程中容易出现的 13 种决策错误。

Hammond, John S. III, Ralph L. Keeney, and Howard Raiffa. "Even Swaps: A Rational Method for Making Trade-Offs." *Harvard Business Review*, March-April 1998.

面对多种选择方案时,你会如何权衡? 过去,决策者缺乏一种理性的、简便易行的权衡方法。为了弥补这方面的不足,本文作者开发了一套名为"等值交换"的系统,用以权衡多种方案的不同目标。尽管等值交换法无法使复杂的决策简单化,但是,可以为决策者提供一种可靠的交换机制和一个合理的交换框架。[注:该文中所阐述的等值交换法,在作者所著《明智之选》(*Smart Choices*)一书中,也有论述。该书已被列于下面的书目中。]

Hammond, John S. III, Ralph L. Keeney, and Howard Raiffa. "The Hidden Traps in Decision Making." *Harvard Business Review* OnPoint Enhance Edition, November 2000.

一个人的思维容易受到偏见及心理倾向的影响,即使是考虑最周全的决策过程,也会如此。这篇文章研究了最有可能影响商业决策的八种心理陷阱。避免陷入心理陷阱的最佳方法,就是认识这些陷阱,所谓凡事预则立。本文作者还具体介绍了其他一些简单措施,以帮助行政主管们避免自己以及自己的企业陷入各种心理陷阱。[注:本文所讨论的决策陷阱,在作者所著的《明智之选》(*Smart Choices*)一书中,也有论述。该书已被列于下面的书目中。]

Lovallo, Dan, and Daniel Kahneman. "Delusions of Success: How Optimism Undermines Executives' Decisions." *Harvard Business Review*, July 2003.

大概有四分之三的商业计划,实施起来举步维艰。新工厂的建立、公司合并以及收购,很少能够达到预期目标。原因何在?本文作者认为,答案在于,不切实际的乐观主义。企业过分关注潜在利润;低估了成本,忽视了重大错误的可能性。本文两位作者对于那些关键的认知偏见进行了阐述,这些认知偏见导致行政主管们通过玫瑰色眼镜看待世界,以致过于乐观。本文两位作者还为被他们称为"外部观点"的错误认识,提供了解决方法。这种方法能够帮助决策者作出更为现实的预测评估。

Morgan, Nick. "Put Your Decision Making to the Test: Communicate." *Harvard Management Communication Letter*, November 2001.

沟通是进行正确决策的关键环节。本文认为,进行广泛和深入沟通的过程,本身就是确保正确决策的最佳方法之一。本文作者这样写道:"如果你能够向心存疑虑的同事阐明自己的决策基础,解释决策结果以及决策过程,并说明其他不同方案以及否定那些方案的原因,最后,使这位同事心悦诚服,那么,你对决策的考虑很有可能已经成熟了。"

Stauffer, David. "How Good Data Leads to Bad Decisions." *Harvard Management Update*, December 2002.

为什么许多领导者的决策都基于与以往类似情景的类比?原因在于,他们记错了。根据以往经历作决策,会出现许多意想不到的情况,而且,当你意识到以往的情况有别于现在的情况时,往往已经为时已晚。尽管利用过往经验进行决策存在有益之处,但是,你必须懂得如何根据现在的情况作出最佳决策。

Straus, David, and Pat Milton. "Collaborative Decision Making." *Training and Development*, July 2003.

命令与控制的决策方式,已经过时了,是这样吧? 然而,达成共识,有时也未必是最理想的决策方式,尤其是当决策受到时间限制时。领导者该何去何从呢? 本文为读者勾勒出了一个实用的框架,有助于在不同决策情况下,控制利益相关者的介入程度。

图 书

Hammond, John S. III, Ralph L. Keeney, and Howard Raiffa. *Smart Choices: A Practical Guide to Making Better Decisions.* Boston: Harvard Business School Press, 1999.

作出明智选择,是一项基本的生活技巧,与每个人息息相关,这些人包括经理、医生、律师、教师、学生、父母、年青人、老年人。因为你的决策决定并影响你的职业生涯及个人生活品质,所以,决策能力是决定你能否达到目标的一个关键因素。《明智之选》(*Smart Choices*)这本书将决策艺术及决策科学融为一体,提供了应对艰难决策的一种简单明了的方法。本书的三位作者是解决复杂的决策问题方面的世界知名专家。他们将决策的科学及艺术融为简便易行的措施,可以指导你凭直觉及理性分析,去权衡你的选择。他们的方法不仅适用于公司决策,也适用于个人及家庭决策。

扩展阅读

哈佛商务指南

Mackay, Charles. *Extraordinary Popular Delusions and the Madness of Crowds*. New York: Barnes & Noble Books, 2004.

本书于 1841 年首次出版,包括作者多年来对于团体心理、群体癫狂及人类荒谬之举的研究。这些荒谬之举包括诈骗、欺骗、狂热以及幻觉。麦凯(1814－1889)是苏格兰的一名记者、广受欢迎的作家及词作家。他的著作一直受到世人,尤其是那些遵循"反向操作"原则的投资者的关注。任何对于决策感兴趣的人,都会发现作者描述的人类既有的判断错误,既有趣,又有指导意义。

Matheson, David, and Jim Matheson. *The Smart Organization*. Boston: Harvard Business School Press, 1998.

本书阐明了促使成功企业不断提供具有竞争力的产品及服务的重要方法。作者认为,一种企业文化,其核心是在恰当的时间作出恰当的战略性决策。在创造这种企业文化的过程中,需要遵循九个相互联系的准则。而那些高明的组织,会将这九个准则内化为自己的原则。这些准则包括接受不确定性,作出有原则的决策,培养创造价值的企业文化等。

Plous, Scott. *The Psychology of Judgment and Decision Making*. New York: McGraw-Hill, 1993.

本书的作者是一名社会心理学家,本书萃取了社会心理学领域中涉及决策问题的相关文献的精华,内容深入浅出,令非专业领域的读者也易于理解。本书作者对商业决策中的关键因素——个人及团体行为进行了研究。书中"启发与偏见"这一部分尤其有趣,其中包括了可能性及风险、定位、归因理论、相关性、因果关系及控制等章节。

Rowe, Alan J. *Creative Intelligence*. Upper Saddle River, NJ: Prentice Hall, 2004.

制定切实可行的方案,是决策者的必备能力之一。创造力是该能力的重要组成部分。在本书中,作者介绍了四种形式的创造力:直觉、创新能力、想象力及灵感,并为读者提供了开发这种创造力的简便易行的方法。

Rowe, Alan J, and James Boulgarides. *Managerial Decision Making*. New York: Macmillan, 1992.

这本书内容精炼,从四个方面对决策进行了研究。这四个方面分别是:决策者及其风格、组织内的决策环境、创造性地解决问题和决策工具,以及全球化和商业环境变化对于决策的战略意义。本书对于决策问题的认识与分析深入透彻,并包含来自于商业组织中的许多案例。

Russo, J. Edward, and Paul J. H. Schoemaker. *Winning Decisions*. New York: Currency, 2001.

本书作者从四个角度对于如何进行正确决策进行了剖析,即分析问题、收集信息、得出结论以及总结经验。最后一个角度——总结经验,使得这本书独树一帜,并且具有实用价值。该书包括一些工作表和大量案例,均来源于作者在大型公司任职期间的经历。

Surowiecki, James. *The Wisdom of Crowds*. New York：Double-day，2004.

这是一本引人入胜的小书。作者詹姆斯·苏罗维奇是一位金融作家,《纽约客》(*New Yorker*)杂志的撰稿人。本书认为,多人的集体判断,通常优于一个或几个专家的判断,无论这些专家多么智力超群。这一观点,与多年来人们所推崇的麦凯经典著作《非同寻常的大众幻想与群体癫狂》(*Extraordinary Popular Delusions and the Madness of Crowds*)中的观点相悖。苏罗维奇指出,在四种条件下,团体智慧胜过聪明过人的少数人。这四种条件分别是:团体内存在多种不同观点、每个人的观点具有独立性(也就是说,不受周围其他人的影响)、参与者依赖于各自的专业知识,以及将个人判断转化为团体决策的机制。作者引用科学、经济、商业及军事历史等领域的案例,对其观点进行了说明。

决策

_策

顾问和作者简介

顾问和作者简介

关于内容顾问

艾伦·J. 罗(Lan J. Rowe)　著名管理学及组织学家，南加利福尼亚大学终身教授，曾获哥伦比亚大学工业工程专业的理学学士学位和理学硕士学位。其博士学位论文论述了计算机模拟在工业中的早期应用。

罗博士曾任休斯飞机制造公司(Hughes Aircraft)工业动力部主任，负责项目管理系统以及所有计算机应用。在通用电气公司(General Electric)任职期间，他曾为 110 个运营部门提供咨询服务。他曾任系统开发公司(System Development Corporation)的研发部经理，是最早将模拟模型运用到管理中的奠基人之一。

他个人独立写作以及与他人合作的著作有 12 本，包括《创造性智能》(*Creative Intelligence*)，《智能信息系统》(*Intelligent Information System*)，《战略管理研究方法》(*Strategic Management：A Methodological Approach*)，《管理决策》(*Managerial Decision Making*)等。除了在工业行业有着丰富的工作经验之外，罗博士还曾

任南加利福尼亚大学商学院管理系主任、商学院副院长和执行院长；曾任南加利福尼亚大学 Phi Kappa Phi 荣誉协会会长，并获该协会的杰出会员奖；曾获得佩珀代因大学（Pepperdine University）的荣誉学位。

他最新出版的《创造性智能》一书，在理解和应用创造力方面，进行了大胆尝试。

关 于 作 者

理查德·吕克（Richard Luecke）是哈佛商务指南系列丛书中多本书的作者。吕克住在马萨诸塞州的塞勒姆市，著有四十余本书和几十篇文章，内容广泛，涉及多种商业主题。他拥有圣·托马斯大学工商管理硕士学位。